日本でいちばん女性がいきいきする会社

人を大切にする経営学会会長
坂本光司

(株)イマージョン代表取締役社長
藤井正隆

アタックスグループコンサルタント
坂本洋介

［著］

潮出版社

はじめに——女性活躍数値目標のない社会の実現に向けて

「平成」を振り返ると、日本における「女性の社会進出・活躍」が大きな転換点を迎えた時代であったことがうかがえます。

自身のキャリアアップや、景気の落ち込みによる賃金の減少から家計を支えるためなど、女性が働きたいという理由は様々ありますが、平成は共働き世代が大幅に増加するとともに、結婚・出産後に職場復帰を希望する女性も増えた時代でした。

働きたいという希望を持つすべての女性がその個性と能力を十分に発揮できる社会の実現を目指し、二〇一五年「女性活躍推進法」が制定されました。それによって、二〇一六年四月から、女性の管理者の比率などの数値目標を盛り込んだ行動計画の策定・公表や、女性の職業選択に資《し》する情報の公表が事業主に義務付けられました。

同法の中で、特にクローズアップされているのは数値目標です。二〇〇三年の小泉政権時代に掲げた「二〇二〇年までに女性管理者の割合を三〇パーセントへ」という数値目標は安倍政権において、再び成長戦略の柱として打ち出されました。

女性活躍については、一九八六年、募集・採用時における男女の均等取り扱い、配置・昇進・教育訓練、福利厚生、定年・退職・解雇などについて、女性労働者であることを理由に男性労働者と差別的に取り扱うことを禁止した「男女雇用機会均等法」が施行《せこう》された頃からの重要課題です。

しかし、旧来からある「仕事か家族か」の二者選択にならざるをえない日本企業の雇用環境によって女性の管理職登用は遅々《ちち》として進みませんでした。

その要因として、女性が四年制大学よりも短期大学に行く方《かた》が多かった時代背景（女性短大進学率は一九九六年がピークでその後減少）と、実際の企業で運営されている人事管理制度にあります。つまり、女性は就職してしばらくしたら結婚、子育てをするために退職してしまうので就職や管理職には積極登用しないといった制度や意識が、社会全体に広がっていたからです。そして、その意識は「男女雇用機会均等法」が制定された後に制度こそ改定されても、実際は暗黙の意識として根強く社会に残っていたのでしょう。

このことは、「昭和」という経済の激動期において、社会一般として子育てしながら働く女性が少なかったことから、企業も「両立する女性には負荷の軽い仕事を」という配慮をして、結果マミートラック（仕事と子育ての両立はできるが、昇進・昇格とは縁遠いキャリアコースを選ばざるをえなくなること）にはまっていたからです。

その後、女性の四年制大学への進学率も上がり、四年制大学へ進む男女比は、二〇一七年には、ほぼ同率になっています。しかし、二〇二〇年を目前にした現在においても女性管理者の比率が低いのが実状です。

もともとこうした背景があった中で、高い数値目標は政府の思惑通りにはいかず、二〇一二年には第三次男女共同参画基本計画で民間で三〇パーセントだった政府目標を、二〇一五年の第四次男女共同参画基本計画では、民間で一五パーセントへと大幅に引き下げることになりました。

しかし、目標を引き下げたとしても、実際の現場で女性へのケアが伴わずに女性社員が管理者になることを断わったり、管理者になった後に耐《た》え切れずに退職するといったことが発生しています。さらに男性社員からは「女性が優先的に登用されるのは不公平ではないか?」といった不満が噴出《ふんしゅつ》するなどあちこちで問題点が浮き彫《ぼ》りになり、「数値ありきの女性活躍」と批判が出てしまいました。こうしたことを考えると、未だにいろいろな意味で女性が男性同様に働ける環境には至っていないことがわかります。

ちなみに「女性活躍推進法」では、二〇一八年九月時点で、数値目標を盛り込んだ行動計画策定・公表が義務付けられている三〇一名以上の事業所の九九・一パーセントが、各地の労働局に計画を届けています。一方で、常時雇用する労働者が三〇〇人以下の民間企業等にあっては、計画の提出義務はなく努力義務のみとなっています。

三〇一名以上といった線引きをしたこともあってか、比較的規模の大きな会社の女性活躍の取り組み事例が、雑誌や書籍でも紹介されるようになりました。しかし、中小企業の経営者や社員からは、こうした取り組み事例は、「**大手企業だからできることで、体力がない中小企業では難しい**」といった声も聞こえそうです。確かに、中小企業の経営者が、書籍等で紹介されている大手企業の充実した福利厚生制度などを、知れば知るほど、自社とは程遠《ほどとお》いと感じてしまうことも理解できます。

一方、日本の企業の比率は、九九・七パーセントが、三〇〇名以下（総務省・経済産業省平成二四年経済センサス―活動調査）です。中小企業で構成されている日本の現状を考えると、**中小企業における女性活躍が重要であること**は言うまでもありません。

本書は、第一章で、女性の雇用の現状と可能性について問題提起をしました。

第二章では、「日本でいちばん大切にしたい会社大賞」受賞企業や、書籍『日本でいちばん大切にしたい会社』に掲載された会社を中心に、大半が三〇〇名以下の会社で女性がいきいき働いている企業事例を一〇社挙げました。そして、紹介した各企業の最後には、各企業による女性活躍のための五〇のチェックリストでの自己分析を掲載しました。（巻末にブランクで五〇のチェックリストをつけていますので、自社分析に活用して下さい）当然、業種や企業ごとの状況によって結果にバラつきはありますが、点数だけ注目するのではなく、一〇社に共通する点や、その企業が女性活躍のどこにより特化して力を入れているかが見えてきます。

第三章では、女性活躍推進のチェックリストをグルーピングし、事例を挙げながら解説するとともに、女性活躍に取り組むにあたっての基本的な考え方や進め方を書きました。第四章では、まとめとして女性の活躍推進に求められる八つの要素とそれぞれの関連性について紹介しました。

実質、結婚、出産といったライフイベントがある女性に、「仕事か家庭か」の二者択一を迫っている日本企業のあり方は、企業規模の大きさを問わず、一時も早く改善しなければなりません。なぜなら、こうした日本企業のあり方が、女性の晩婚化や非婚化につながり、日本国の最大の問題である少子化の一因ともなっているからです。

一人でも多くの中小企業の経営者や働く社員の方が本書を手に取り、女性活躍に向けた取り組みを一つでも二つでも実践していただくことを願ってやみません。なぜなら、本書で掲載した会社の取り組みを知れば、自社においても、女性活躍の数値目標など掲げなくても、当たり前に、男性女性関係なく、いきいきと働ける会社に変わることができると実感していただけると確信しているからです。是非、最後まで、お読みください。

日本でいちばん女性がいきいきする会社

目次

装幀｜清水良洋（Malpu Design）
本文デザイン｜佐野佳子（Malpu Design）

第一章

日本の女性を取り巻く「働く環境」のいま

働く女性の実態と課題

日本の一億二五〇〇万人の人口を性別に見ると、女性が五一・二パーセント、男性が四八・八パーセントであり、女性の割合が二・五ポイント程度高くなっています。一方、日本の労働力人口（十五歳以上の就業者＋完全失業者）は、六七二一万人ですが、これを性別に見ると、女性が二九三七万人で比率では四三・七パーセント、男性が三七八四万人で比率では五六・三パーセントです。

人口比率では女性が二・五ポイント程度高くなっていますが、労働力人口比では女性が一三ポイント程度低くなっています。つまり、様々な理由があるにせよ、こと就業という社会参加の面では、男性と比較し女性が著しく低くなっていることがわかります。

このことは、何も労働力人口の面だけではありません。労働の条件面でも大きな格差が現存しているのです。例えば、その雇用形態を見ると、男性の正社員比率は、七八・一パーセントと高くなっていますが、女性の割合は四四・五パーセントと、男性と比較し三四ポイント以上低くなっています。

つまり、就労している約五五パーセントの女性は、パート・アルバイト・派遣《はけん》・契約といった雇用が総じて不安定な、非正規社員として雇用されているのです。

こうしたことは、賃金の面でも同様です。「賃金構造基本統計調査」で、日本の企業で就労する正社員の所定内給与を見ると、男性が三三・五万円に対し、女性は二四・五万円となっています。男性の給与を一〇〇とすると女性のそれは七三、その格差は、月間レベルで九万円、年間では賞与を別にしても一〇八万円もの大きな格差になります。

より格差が大きいのは年間賞与額で、男性が一〇四・四万円に対して女性のそれは六一万円となります。男性を一〇〇とすると女性のそれは五八と、その格差は一段と拡大します。

さらに愕然《がくぜん》とするのは職業上の地位です。日本の雇用者五八二〇万人を職業別に見ると、「管理的職業従事者」、つまり管理職は一四〇万人います。管理職雇用者を性別にみると、男性が一二二・五万人に対し、女性はわずか一七・五万人しかいません。管理職全体の女性の割合は一二・五パーセントにすぎないのです。日本企業で働く四四パーセントは女性であるにもかかわらず、こと管理職に限ると、その割合はわずか一二・五パーセントなのです。

もっと細かく見てみると、女性管理職一七・五万人を、部長職・課長職・係長職で見ると、その大半は係長職で、部長職にある女性管理職は部長職全体の六パーセント程度にすぎないのです。なんとも恥《は》ずかしい、申し訳ない実態なのです。

こうした問題の所在が、当の女性の努力不足や能力不足にあるなどとは到底思えません。私はその問題の根源は女性自身ではなく、社会や企業、さらには男性にあると思っています。

性差や個性を口先ではなく心から認めるとともに、働く女性・働きたいと思っている女性に報《むく》い・称《たた》える社会の形成や企業経営が不十分だったのです。もっとはっきり言えば、これまでの日本の社会は総じて男性主導社会・男性優位社会で、女性が十分活かされてこなかったといっても過言ではありません。

そもそも、男性と女性は本来的に持つ身体的条件が違います。さらに言えば、女性が出産し、その後育児や家事の大半を負担しているのに対し、日本の男性の大半は、その大部分を女性に委《ゆだ》ね、その応分の役割を十分果たしていないのです。育児や介護、さらには家事をこなしながら、職場では男性と同じ労働条件を与えられ、また同様の成果を期待されたならば、心身ともに疲労困憊《こんぱい》してしまうのは当然です。

事実、育児休暇の取得者を性別に見ると、女性が九六パーセントに対し、男性のそれはわずか五・七パーセント程度にすぎないのです。いかなる理由があるにせよ、育児一つをとっても、いかに女性に依存《いぞん》しているかが明確です。

女性管理職の少なさや、その多くが係長職であることも、女性自身の問題等では決してありません。よく言われる女性自身が管理職なることを嫌うとか、女性は管理職に不向き等という意見も、男性のとんでもない誤解です。

各種資料を見ると、管理職になることを嫌う女性も一部いることは事実ですが、こうした傾向は、近年では男性も同様にみられます。

近年では女性の進学率が著しく向上し、大学を卒業し就職する学生数は男性・女性がほぼ同数になっています。近年どころか、かなり以前からそうですが、大学での成績が上位の学生の大半は女性です。

その女性が社会に出て、しばらくすると、その多くが、十分活かされず本領発揮していない、あるいはできていないのです。私にはこうした女性の実態が、近年の日本経済・企業活動の活力低下の根源と思えてなりません。

私は仕事柄、日常的にさまざまな女性経営者や専門家の方々にお会いする機会や議論する機会がありますが、彼女たちの人格・識見《しきけん》・能力の高さにはいつも啓発《けいはつ》されています。

ちなみに、現役当時、私の大学院研究室に所属する社会人大学生は六五名ほどいましたが、その約三〇パーセントが女性でした。職業は経営者や様々な機関の管理職、さらには各種コンサルタントや公認会計士、税理士、社会保険労務士・地域リーダーなどといった専門家集団です。彼女たちのパワーと感性で、ゼミがダイナミックかつハートフルに運営されているといっても過言ではありません。

時代が、これまでの産業社会や企業経営を牽引《けんいん》してきた男性に、これまで以上の活躍を求めているとは思えません。むしろこれまでの産業社会や企業経営をリードしてきた男性社員が、これからもしゃしゃり出て主役を続ける限り、日本の将来は危ういと思えてなりません。よりはっきりと言えば、日本の未来・企業の未来、そして地域社会の未来は、女性、とりわけ働く女性の参加・活躍にかかっているといってもいいでしょう。

求められる女性の活躍社会

①経済社会のソフト・サービス化の一層の進行

これからの時代、なお一層女性の活躍が期待される背景は、上述したように、女性の活躍・登用が極めて不十分であり、それを健全な姿に戻す必要性もありますが、より大きな理由の一つは、経済社会のソフト・サービス化の一層の進行と、もう一つは、労働力人口の減少に関する問題です。

周知のように、日本経済は、日本人が好むと好まざるとにかかわらず、これまで長らく続いた工業化社会・国内中心型産業社会からソフト・サービス化社会・国際分業型産業社会へと大きく変化・変貌《へんぼう》をしています。

このことは生産面でも消費・購買面でも一目瞭然《りょうぜん》ですが、ここでは、就業構造面から、ソフト・サービス化の進行の実態を見てみましょう。

今から約三〇年前の一九九〇年当時、製造業を中核とする第二次産業の就業者数は、二〇九九万人、その比率は三三・三パーセントと、サービス産業と並び日本の最大級の産業でした。しかしながら、二〇〇〇年になると、その数は一九七九万人、その比率は二九・二パーセントに低下し、そして、最新の二〇一七年統計では一五五三万人、その比率は二三・八パーセントにまで低下しているのです。

一九九〇年から二〇一七年の二七年間で、五四六万人もの雇用が第二次産業、主として「モノづくり産業」（製造業）から放出されているのです。

こうした日本のモノづくり産業の極度の低落傾向は、不況がもたらしている結果現象などではありません。このことは、新たな主役であるサービス産業を中核とする第三次産業のこの期間の動向を見ればよくわかります。

事実、サービス産業を中核とする第三次産業は、一九九〇年当時三六六八万人、比率は五八・七パーセントでしたが、二〇〇〇年になると四一〇二万人、その比率は六五・

三パーセントとなり、そして二〇一七年統計では四六四九万人、その比率は七一・二パーセントと、年々高まっています。

一九九〇年から二〇一七年の二七年間で、第二次産業はその雇用を五四六万人減少させましたが、一方、サービス産業を中核とする第三次産業は、この間、なんと九八一万人もの雇用を創出したのです。

戦後の日本経済を牽引してきた製造業を中核とする第二次産業のウエイトは日本が好むと好まざるとにかかわらず、今後とも年々減少していくものと思われます。これは根も葉もないことではありません。

こうした潮流は、経済社会のボーダレス化・グローバル化、さらには物的成熟化等の進行が結果としてもたらす宿命的現象なのです。

日本に今後とも残る産業や機能は、「日本でなければどうしてもできないこと、やれないこと」のみで、海外、とりわけアジアの諸国でも生産や調達が可能な産業や機能は海外現地に委ねるのは当然のことだからです。

事実、この間の第二産業からの大幅な就業者の減員は、定期的に必ずやってくる不況がもたらしたものではなく、日本企業の海外生産の拡大や、海外の日系現地企業や海外企業からの製品輸入の増大、さらには海外企業との競争に敗退してしまった結果現象だからです。

こうした時代において、国内の活力を維持強化していく方法は、新産業、とりわけ地域密着型・日本人密着型産業であるソフト・サービス産業のさらなる発展です。つまり、サービス産業の一層の拡大・進化無くして、日本経済の空洞化《くうどう》を阻止する方法はないのです。

ソフト化・サービス化社会のなお一層に進行こそ、女性が期待され、一段と活かす必要がある大きな理由の一つです。

というのは、ソフト・サービス産業とは、モノの価値ではなく、サービスという価値を創造・提供する産業です。より具体的に言えば「うれしい・楽しい・健康でありたい・美しくありたい・長生きをしたい・より学びたい・素敵な人に出会いたい・世のため・人のため貢献《こうけん》したい……」といった、人々のニーズやウォンツ、さらには五感に訴える・問う産業のことです。

こうした物財ではなくソフト・サービス財に対する関心はもとより、高い価値を求める傾向が強いのは女性と思います。このことは、男性と女性の数はほぼ同数でありながら、男子服小売業と婦人服小売り業のお店の数を比較すると、婦人服小売業のほうが三・七倍以上も多いし、また理美容店を見ても美容院の数が、理容店の数を一・三倍も上回っていることを見てもわかります。

さらに言えば、消費財における消費・購買活動の決定権割合は、支出品目により異なりますが平均では約八〇パーセントが女性という調査結果があります。

つまり、ソフト・サービス化社会・内需《ないじゅ》型社会における消費・購買の主役は物財優位社会・外需型社会とは異なり、男性ではなく女性なのです。女性に好かれた企業や商品は高い評価を受けますが、逆に女性に嫌われた企業や商品は見向きも評価もされなくなってしまう時代ともいえます。

②労働力人口の減少

女性を一層活かさなければならないもう一つの理由は、今後の日本の労働力人口の大幅な不足の問題からです。

周知のように、二〇一〇年に一億二七〇〇万人であった日本の人口は、二〇一八年に一億二五〇〇万人となり、そして二〇二五年では、一億二二五〇万人、二〇三五年では一億一五二〇万人、さらには、二〇四〇年では一億一〇九〇万人になると推計されています。

この三〇年間で約二六〇〇万人もの大幅な減少です。

より深刻なのは十五歳から六十四歳の生産年齢人口で、この層は二〇一〇年の八一〇〇万人が二〇四〇年では六〇〇〇万人と推計されており、この三〇年間で、約二一〇〇万人もが減少するのです。

これからの時代、ますますその役割が高まるソフト・サービス産業は、製造業を中核とする第二次産業とは大きく異なります。「人が介在する」産業、「人こそが価値の根源」といった産業であり、工業化社会のようにロボットや機械化により、産業の省力化・少人化ができにくい産業なのです。

もっとはっきり言えば、ソフト・サービス産業は、あえて言えば「人財集約型産業」「人財交流産業」とでも言えます。つまりソフト・サービス化社会では多様な人財の存在が必要不可欠ということになります。

その意味で言えば、現在は、社員を集めることのできない企業、社員の離職が激しい企業・社員のモチベーションが低い企業は、たとえ目の前においしい市場があったとしても、それを担う社員がいないため、結果として存続できない時代とも言えます。

こうした構造的人財不足の時代の極めて有効な対処策の一つが女性なのです。

というのは、労働力率（十五歳以上の人口に占める就業者と完全失業者を合わせた労働力人口の割合）に関するデータを見ると、男性のそれは七〇・五パーセントに対し、女性は五一・一パーセントにすぎないのです。

さらに言えば、男性の労働力率は一九八五年当時の七八・一パーセントから年々低下しているのですが、女性の労働力率は一九八五年当時の四八・七パーセントが二〇一七年統計では五一・一パーセントと、逆にこの期間に微増しているからです。

少し乱暴な計算ですが、女性の労働力率を男性並みの七一パーセントにできれば、現在の二九三七万人の労働力人口は、三六四六万人となり、日本に新たに七〇九万人も労働力が増加するのです。

ちなみに、日本の男女別の労働力率を年齢別にみると、男性のそれは二十五歳から五十九歳までがすべて九〇パーセント以上であるのに対し、女性のそれは七〇パーセントから八〇パーセントにすぎません。

より驚くのは六十歳以上で、例えば六十歳から六十四歳の労働力率を見ると、男性が八一・七パーセントに対し、女性は五四・九パーセントとさらに差が広がります。そればかりか、六十五歳以上になると、男性労働力率が三一・五パーセントに対し、女性は一六・八パーセントにすぎないのです。

一方でもっとも若い世代はどうかというと、十五歳から十九歳の労働力率は男姓が一五パーセント、女性が一四パーセントとほとんど変わりません。

こうしたギャップが生じるのは、社会や企業の問題が大きいからと思われます。もっとはっきりと言えば、すべてとは言いませんが、日本の企業や社会は女性にとっては総じて働きにくい・活躍しにくいということを明確に示しているのです。

その意味では、あらゆる年齢層の多様・多彩な知力や考えを持った女性が、生涯、働きたいと思えるような、あるいは活躍することが可能な社会の形成や企業経営が、強く求められているといえます。

コラム 1

外国人か「女性・高齢者」か

改正入管法の成立により、二〇一九年四月から外国人の就労を目的とする新しい在留資格が創設され、「外国人材の受け入れ・共生のための総合的対応策」が実施となりました。近年、日本を訪れる外国人は増加の一途をたどり、訪日外国人旅行者数は二〇一八年初めて三〇〇〇万人を超え、在留する外国人も就労する外国人もそれぞれ過去最多を記録しています。

改正入管法は、中小企業を中心とする深刻な人手不足に対応するために、新しい在留資格を新設し、外国人の受け入れ環境を整備する「総合的対応策」も打ち出しました。

当初、上限を設けないとの発言で批判が上がり、その後、五年間で三四万五〇〇〇人超の外国人労働者受け入れが目安になりました。

政府としては、今後五年で労働力不足は一三〇～一三五万人にふくらむと予測されている中、経済成長を優先する安倍政権としては、早急に成立させたかったのでしょう。野党からは、議論が尽くされていない、拙速ではないか？　といった批判も出ています。

本書では紙面の関係もあり、賛否については控えたいと思いますが、関連して、国内の雇用状況を確認してみたいと思います。

第一章で紹介したように、日本の人口が減少していくことは、既に現在起こっている未来で、今さら、くわしく述べるまでもないでしょう。一方、総務省の労働力調査によれば、二〇一七年の完全失業率は平均二・八パーセント（労働力数におけるハローワークに登録されている完全失業者の割合）で、リーマンショック直後の五・一パーセントに比べて改善されているものの、完全失業者はいまだに一九〇万人います。

全産業の就業者数の推移を見ると、二〇一六年時点で全就業者数六四六五万人になっています。

その中で、六十五歳以上の就業者は八〇七万人です。六十五歳以上の雇用状況は改善させているものの、まだ、十分だとは言えません。なぜなら、六十五歳以上の約五五パーセント、七十〜七十四歳の七五パーセント、七十五歳以上の約九〇パーセントが非労働者人口だからです。数にして、十五〜六十四歳の失業者数一七〇〇万人に対して、六十五歳以上はなんと二六八二万人になります。

実際、執筆者の一人である藤井が経営する会社でも六十五歳を超えた方が数多く面接に来ますが、ほとんどが年齢を理由に書類審査段階で面接まで至らないそうです。面接に来る大半の方が、元気そのもので、実際数人ほど採用したそうですが、若手以上に元気に働き、かつスキルも高いために大いに貢献されています。

内閣府では、六十五歳以上の高齢者の日常生活に関する調査を定期的に行っていますが、仕事をしている高齢者で「働ける間はいつまでも働きたい」と回答した人が約四割、「七十五歳までは働きたい」を入れると約八割の人が就業意欲を持っています。こうした複数の調査結果から推察すれば、年齢を理由に働きたくても働けない高齢者雇用の実態が浮き彫りになります。六十五歳以上の非労働力の八割とまではいかなくとも、五分の一が働くことができれば、それだけで約五三〇万人が働くことができます。

こうした高齢者の雇用状況と、日本における六十五歳以上を定年年齢とする企業割合が一五・五パーセントと低い数値であることとは無縁でないと思います。

世界的には、カナダやイギリス、オーストラリアなどは、定年制そのものが禁止であり、アメリカでは定年は自分の意志で決める引退制になっています。日本も就業者に占める高齢者の割合は増加傾向でありますが、今までの枠組みを早急に見直すべきではないでしょうか?

女性が家庭に入り、本人の希望とは別に様々な条件から、非労働力人口になっていることも課題ですが、外国人受け入れの前に、本書のメインテーマである女性に加え、高齢者雇用について、早急に、日本国全体で取り組むべきだと思います。

本書でご紹介した会社に限らず、日本でいちばん大切にしたい会社大賞に選ばれるような会社は、就業規則では、定年制を設けてあったとしても、実質、定年がなく、高齢になっても元気に働いています。その姿を見れば、六十歳で再雇用、六十五歳定年といった会社も気持ちが変わるに違いありません。

（参考資料）
内閣府　高齢者日常生活に関する意識調査（二〇一四年）
総務省　労働力調査（二〇一七年）

第二章

女性がいきいきする会社

株式会社

天彦産業

「人」を中心にハツラツとトキメキが溢れる会社。

この章では、様々な業種で女性が活躍している企業を順次取り上げ、女性が活躍するための、これからの企業作りや経営のすすめ方について紹介していきたいと思います。

創業一四〇年を超える長寿企業

はじめは、大阪府大阪市に本社を構える、特殊鋼、ステンレス、シリコロイの素材販売、加工販売を行う株式会社天彦《てんひこ》産業を取り上げます。

一八七五年、近江《おうみ》商人の町である滋賀県水口《みなくち》町で、天彦産業の前進である天彦商店が産声《うぶごえ》をあげました。創業者の樋口彦三郎《ひぐちひこさぶろう》氏が丁稚奉公《でっちぼうこう》していた天王寺屋の頭文字「天」と、彦三郎の頭文字「彦」をとって「天彦」と命名されました。

本社を大阪へ移した後も近江商人の教え〝三方良し〟（売り手良し、買い手良し、世間良し）を守り、売り手の都合だけで商《あきな》いをするのではなく、買い手が心の底から満足し、さらに商いを通じて地域社会の発展や福利の増進に貢献できるよう努めてきました。

創業時はノコギリを製造していました。大阪本社の玄関には、当時の現物商品を展示していて、時代のニーズによって変化発展してきた変遷《へんせん》が見てとれます。現在のビジネスモデルは、鋼材販売、加工品販売、トライアングルといった流通加工業を主業務にしています。鋼材販売は、鉄鋼メーカーから素材を仕入れて、小分けして販売する卸流通のことです。加工品販売では、取引先の加工設備を利用して、材料を加工し販売するファブレスメーカーを目指しています。またトライアングルとは、国内コストダウンと新興国需要へ対応するための三国間貿易の輸出入のことで、中国の上海、タイのバンコクに拠点を持っています。

「人」を中心にした経営の実践

天彦産業の経営理念と経営基本方針を見れば、いかに人を中心にした経営を実践しているかがよくわかります。

【経営理念】

われわれは人類社会向上のベースたる働きをするものである

【経営基本方針】

伝統の上に確信を　〝こだわり〟と〝お役立ち〟の質と継続

■経営は社員第一
■社員はお客様第一
■永続企業「価値の追求」
■三方良しで3Hを追求しよう

経営基本方針にある3Hとは、

■One's own Happiness（自らの幸福）
■Family's Happiness（家族の幸福）
■Company's Happiness（会社の幸福）

という三つの幸福を意味しています。

こうした「人」を中心にした経営を進めている天彦産業は、男性社会の典型と言われる鉄鋼業界にあって、女性社員が数多く活躍している異色の現場として高い注目を集め続けています。

実際、女性や高齢者の活躍推進に積極的に取り組んでいることが高く評価され、二〇〇八年には「子育てサポート企業」として、厚生労働大臣が認定する「くるみんマーク」を取得。さらには経済産業省の「ダイバーシティ経営企業100選2013」にも選定されています。

その極めつけとして、二〇一四年四月十八日に天彦産業を安倍晋三《しんぞう》総理大臣が訪問しました。安倍総理が自身の掲げる成長戦略の中で、二〇二〇年までに指導的な地位に就く女性の割合を三〇パーセント（当時）に引き上げるという目標を掲げていたこともあり、女性の活用推進が進む中小企業を見てみたいということが、その理由でした。

男女問わず全社員が戦力

このように、現在では女性活躍推進企業の代表的存在の天彦産業ですが、決して当初から女性を積極的に活用していたわけではありませんでした。

当初、国内産業の空洞化を見越して、新たなビジネスチャンスを獲得しようと、海内展開を検討する中で、語学力の堪能《たんのう》な「人財」の獲得を試みます。しかし、中小企業では大卒者や語学力のある人財の採用は難しく、なかなか思うように採用が進まなかったそうです。そこで、より広い視野に立ち、当時、相対的に就職が難しい状況にあった大卒の女性の採用を強化する方針に変えたことがきっかけとなりました。

その結果、二〇〇一年での国立大学を卒業した語学力堪能な女性社員の採用を皮切りに、女性社員の積極的採用を進めました。そして現在では国内社員四〇人のうち一一人が女性で、その多数が語学も堪能であるため、天彦産業にとって大きな戦力となっています。

「社員の少ない中小企業は、男女問わずに余剰《よじょう》人材はなく、全社員が戦力となって会社を支えなければ経営が成り立たない」と話す樋口友夫《ともお》社長ですが、実際に、採用した女性社員たちは次々に成果を出していきます。

その代表的な取り組みが、二〇〇七年に発足したウェブ営業チーム「TWS（天彦・ウェブ・セールス）」です。発足のきっかけは、二〇〇一年に天彦産業の新方針を適用して採用した第一号の女性社員からの提案でした。

語学力が堪能であった彼女は、自身が育児休暇から復帰する際に、これまでの〝男性的〟な飛び込み営業や力仕事ではなく、女性独自の視点から、子育て中でも着実にできる仕事があればと、小口取引が主な特殊鋼の海外向け販売サイトを立ち上げたのです。

それまでの男性社員だけの営業では、どうしても「足で稼《かせ》ぐ」と考えがちでした。一方で、女性社員は、顧客履歴管理をきちんとしたり、お客様のかゆいところに手が届くようなサービスができるため、会社のサービス向上に大きく貢献しました。お客様が次々と天彦産業のファンになりました。

しかも彼女たちは語学力が堪能ということもあり、これまでになかったアジアや中東圏からのお客様も次々と開拓していきました。

それ以来、売上比率は倍増するとともに、女性社員の働く意欲も向上し、女性社員の平均勤続年数が飛躍的に伸びる結果となったのです。

女性活用は風土にすべき

では、優秀な女性社員を採用すれば、すべての会社が天彦産業のようになるかといえば、決してそうではありません。

本当に大切なのは、その後の育成・活用法です。天彦産業では、女性の能力をフル活用するために、仕事と生活の両立支援として、必要に応じてフレックスタイム制度や在宅勤務制度など両立支援制度の導入を行うことで、環境を整備していったのです。

樋口さんは、「制度ありきは危険だ。まずは社内にそのための風土を作る。そして社員のニーズと業務の状況を見ながら、最も効率的に働けるようにするための制度を、その都度検討し、個別対応で導入する。そうすることで、スムーズな運用が可能となった」と話します。

天彦産業では有給休暇の取得率を促進、現在七〇パーセントを超えており一〇〇パーセントを目指しています。ほかにも年度初めに事前に申請する（結婚記念日などの）メモリアル休暇制度や誕生日休暇制度なども設け、社員にとって大切な日を社としても大切する想いが溢れています。

「そこに生まれる〝お互い様思想〟が風土のベースになる」と樋口さんは語ります。

実際に、こうした制度を活用する藤本華奈《ふじもとかな》さん（二〇一五年入社）は、「気兼ねなく休みが取れるので喜んでいます。女性活躍の会社として注目されていますが、男女の区別なく対応していただいていることにもっと注目してほしいと思います」と話します。

志ある〝人財〟の採用が重要

社内の風土を作るには時間がかかります。風土を変えるために、まず重要となるのが、入口となる採用活動です。

天彦産業の二〇一一年度新卒採用時のエントリー数は二〇〇〇人を超え、そこから四人を採用しました。当時は、多くの中小企業と同じく、人財を確保するために、語学の条件を広くして募集したために、天彦産業が求めている人物とマッチしない方々が多く受験され、採用活動が混乱しました。

これではいけないと、翌年の二〇一二年度は、前年の条件を変更して、語学の中でも英語と中国語ができる学生に対象を絞《しぼ》り込みました。すると、エントリー数こそ八八〇人と半減はしたものの、対象を明確に提示することによって「語学を武器に諸外国へ貿易したい！」という思いやビジョンを持って入社する質の高い人財が次々と集まるようになっていきました。

質の高い人財ということもあり、覚える知識が多い鋼材業界で、一人前になるのに一〇年はかかると言われる中、天彦産業では驚くほどのスピードで一人前になっていきます。その理由は、一つに優秀な人財を採用しているため、机上で一般的な知識はインプットしてしまうこと。そして、もう一つは後ほど説明しますが、社独自の委員会の活動によって社内で「タテ」「ヨコ」だけでなく、部署も役職も超えた「ナナメ」の情報共有を行うことが成長を早めているからと言えます。

樋口さんは、人財獲得のために採用説明会に登壇して自身の思いを伝えています。「それが選ぶ権利を持つ学生への誠実な対応だ」と考えているからです。

ある会社説明会でも、自社の説明やPRは一切せずに、学生に対して、生き方やあり方といった自身の考える人生にとって大切なことを熱弁した後、こんな質問を学生にぶつけたそうです。

「志があるという人は手を挙げてください」

そして、会場の様子を見てこう続けました。

「志のない人は帰ってください」

その理由は、目標も志もない人は自社でも他社でも必要とされないからです。

また、説明会で居眠りをしている学生を見つけるや否《いな》や「こんな大切なときに寝てしまう緊張感のない学生は帰ってください」と退席を促したこともありました。

本来であれば、会社説明会を宣伝・広報の場として利用しようと、少しでも会社のことや商品のことを知ってもらいたいとPRする経営者が多い中で、「学生たちのことを考えて厳しいことも言う」という社長の気持ちがダイレクトに伝わる説明会だったことがわかります。

中小企業にとって、社長は会社を映す鏡です。そして、社長の考えや情熱、思いなどが商品サービスに色濃く反映されていることを樋口さんは真剣に訴えていたのです。

仲間のために努力する

天彦産業で社内風土を作るために効果的だったのが、先ほども触れた委員会活動です。天彦産業の持つ風土を作るための、最大かつすべての源泉と言ってよいかもしれません。

業務と委員会は〝企業活動で同等の価値を持つ〟をスローガンに掲げ、すでに三五年前から委員会活動を開始していて、社員全員が「スッキリ」「ハツラツ」「ヒラメキ」「トキメキ」の四つの委員会のいずれかに所属して、よりよい企業文化作り、自己成長のための活動をしています。

この委員会活動に自主的に取り組むことで、組織の壁を越えたクロスコミュニケーションの場にもなっています。

ユニークな名前の委員会ですが、それぞれどんな活動をしているのでしょうか。

「スッキリ委員会」は、社内清掃《せいそう》・花壇整備・防災訓練を通して、①安全、②美化、③5S（整理・整頓《せいとん》・清掃・清潔・躾《しつけ》）の徹底を図ることを目標にしています。

たとえば、その一つが社内で草花を育てる花壇管理です。草花の成長過程に携わることで、思いやりの心が育ち、手間暇《ひま》をかけることの大切さを知ることを目的としています。また、季節ごとにどんな花を植えるなどの年間の花壇運用計画を立て、種まき、水やり、収穫まで委員会で管理をしています。

「ハツラツ委員会」は、早朝ジョギング・金剛《こんごう》登山・献血等の活動を通して、健全なる精神と健康な身体をつくることを目標にしています。

たとえば、年二回行う金剛山登山では、社外活動で協力し合うことで、個人の役割を自覚し、目標に対する達成意識を高めることを目的としています。メーカーや取引先のお客様、社員の家族にも参加してもらい、一緒に登山をします。登頂後、夏は山頂でバーベキュー、冬は下山後に全員で鍋を食べています。全員一丸となって困難を乗り越えることの喜びを分かち合うことで、達成感を味わうことができます。

「トキメキ委員会」は、社内報・会社案内・社員ブログ作成を通して、広報と社内外コミュニケーションを活性化させることで、社員のモチベーションアップを図ることを目的にしています。

たとえば、社内報「てんひこ」新聞の制作では、会社の方向性はもちろんのこと、社内活動や社員のトピックスを中心に、家族や社外のより多くの方々に会社の取り組みを知ってもらうため、毎年二回発刊しています。制作は構想から記事・レイアウトまですべて社員が行っています。

自身の成長を分かち合う

そんな委員会活動も、取り組んでから五〜一〇年の間は習慣にならず、社員からは「なんで仕事以外のこんなことをしなければならないのか」と言われ続けたそうです。しかし、樋口さんは強制的ではなく自主的に活動してもらえなければ意味がないと考え、「生きがい・やりがい」が人を育てるという信念を貫いたのです。

さらに樋口さんは、仕事だけでは「褒《ほ》められた経験」をすべての社員に与えられないとも言います。業務の中のプロジェクトチームとは違う自身の成長を、委員会活動を通じて分かち合うことができ、社員と経営者との信頼関係の強化に一役買っているのです。「困ったときに助けてくれる会社だから、より各自が自律できる」と樋口さんは言います。そのためにも平等に長所を探すシステムが必要で、これを委員会活動が担っているのです。天彦産業では業務とのバランスを保ちつつ、委員会活動も業務と同等の価値として評価しています。

天彦産業では、ベスト社員の表彰制度を実施しています。これは委員会活動も対象とされるため、成長している感覚が認められて楽しいという社員の声も聞かれます。

このように天彦産業では、まず社内の風土を高め、社員のニーズと業務の状況を見ながら、女性社員が活躍できる制度・仕組みを構築していったからこそ、女性社員の活躍につながったのです。

総務省の人口推計によれば、二〇一三年十月一日時点の生産年齢人口（十五歳～六十四歳）が七九〇一万人と三二年ぶりに八〇〇〇万人を下回り、二〇一六年調査では七七八五万人とさらに減少しています。

その意味でも、相対的に男性よりもその活用度が低い女性の活躍推進が、今後ますます求められます。天彦産業の事例は女性の活躍推進をするために何をすべきなのかを示してくれています。

Aランク=80点以上　Bランク=70~79点　Cランク=50~69点　Dランク=49点以下

指標項目	YES	NO
ワークライフバランス(男女問わず)		
㉖有給休暇以外で本人や家族等のメモリアル休暇制度等特別休暇制度がある	●	
㉗月当たり残業時間は10時間以下である	●	
㉘リフレッシュ休暇等、連続5日以上の休暇制度がある	●	
社員の要望・意見・相談を聞く体制		
㉙会社が契約する専門家(例　カウンセラー等)を活用できる	●	
㉚要望・意見を気さくに聞いてくれる部署や担当者がいる	●	
㉛キャリア面談が定期的にされて、本人の希望に沿う努力をしている	●	
㉜定期的に書面による社員満足度調査を実施している		
人を大切にする経営姿勢		
㉝業績重視ではなく、関係する人々の幸せを優先した経営である	●	
㉞経営はガラス張りであり、全社員に情報の共有化がなされている	●	
㉟賃金やボーナスは地域や業界の平均以上である	●	
㊱給与や昇給は極端な成果主義ではない	●	
㊲雇用形態を問わず働きたい社員は何歳でも働ける		●
㊳66歳以上の継続勤務でも賃金は定年前の40%以上保証されている	●	
㊴ダイバーシテイを積極的に推進している	●	
㊵本人の誕生日はもとより家族の誕生日に何らかのプレゼントをしている		●
㊶地域活動やボランティア活動を奨励している	●	
㊷社員同士の飲み会等への金銭的な補助がある	●	
㊸社員の子供や友人等が働いていたり、就社させたいといった希望がある	●	
㊹各種資格取得補助制度がある	●	
㊺借り上げ社宅制度、またはマイホーム購入支援制度がある		●
㊻人間ドックやインフルエンザ予防接種費用の補助している	●	
女性活躍推進取組みの成果		
㊼女性の転職的離職率は3%以下である	●	
㊽女性社員比率は30%以上である	●	
㊾女性の有給休暇取得率は70%以上である	●	
㊿女性のロールモデルが会社内にいる	●	
合計	78	

天彦産業

女性の働きやすさ指標アンケート

2×50＝100点

指標項目	YES	NO
子育て･介護支援		
①企業内託児所、または会社が契約した企業外託児所がある		●
②育児や介護のための時間休暇や時間差出勤ができる	●	
③女性の育児休業取得比率は90%以上である	●	
④男性の育児休業所得者がいる	●	
⑤介護休暇取得者比率は80%以上である	●	
⑥育児休業取得後の復帰率はほぼ100%である	●	
⑦小学校3年生までの育児短時間勤務ができる	●	
⑧子供の病気などの際、会社や職場に気兼ねしないで休むことができる	●	
⑨介護サービスの利用補助制度や保育料の補助がある		●
⑩ベビーシッター活用についての補助がある		●
社員の事情を踏まえた働き方の自由度		
⑪在宅勤務またはサテライトオフィスで仕事ができる	●	
⑫正社員･非正社員など自分の希望で雇用形態を選択できる	●	
⑬家族にケアーが必要な人がいる場合の働き方に配慮している	●	
男女平等についての取組み		
⑭経営者の親族以外の女性管理職（課長級以上）がいる	●	
⑮全管理職に占める女性管理職の割合は30%以上である	●	
⑯賃金面や雇用面の男女の違いはない	●	
⑰男女問わず平等に研修のチャンスがある	●	
⑱女性だけにお茶出しや清掃の強要はない	●	
⑲本人の意思に反して（本人が短時間勤務を望む場合等）、女性が産休復帰後、キャリアアップが望めない仕事に変わることはない	●	
女性の特性を踏まえた環境整備		
⑳女性の育児や介護休暇取得時にも何等か（給与･保険等）報酬が得られるように配慮されている	●	
㉑ 女性社員の残業や会議などの際、家庭の事情の欠席がゆるされる	●	
㉒ 職場内に女性専用の化粧室･洗面台がある	●	
㉓ 生理休暇（法律で定められている）が取得しやすい環境である	●	
社員の働く環境		
㉔ 社員食堂や休憩室は快適である	●	
㉕ 温水便座のトイレがある	●	

株式会社

日本レーザー

「二人一組」で離職と復職の不安を解消する。

レーザー業界のパイオニア

次に、東京都新宿区に本社を構えるレーザー機器、光学機器の専門商社の草分け的存在である株式会社日本レーザーを取り上げます。

日本レーザーはレーザー機器専門の輸入商社として、同社の開発・提供する製品は国内外で高い信頼を得ています。仕入先である欧米各国で約一〇〇社のレーザー装置メーカーと取引を行い、それを国内の多くの企業や大学・研究機関に販売を行うことで高い実績を残しています。一九六八年に設立され、二〇一八年には創立五〇年を迎えたレーザー機器商社のパイオニアといえる存在です。

日本レーザーは、一九七一年に大企業の日本電子株式会社の一〇〇パーセント出資子会社となりました。しかし、その後の経営環境の激変と、当時の経営者による不適切な経営管理で債務超過に陥ります。バブル崩壊後は、さらにコストがふくらみ、赤字が増大してしまいました。そして、親会社の日本電子が債務保証しても主力銀行が新規融資を停止し、破綻《はたん》処理要請をしたほどにまで経営は悪化してしまいます。

そうした中で、日本電子のアメリカにおける経営を再建させた実績をもつ近藤宣之《こんどうのぶゆき》さんが、一九九四年に五人目の社長として日本レーザーの代表取締役に就任します。近藤さんは、期待通りの経営手腕を発揮し、「社員の雇用」を第一に事業再建をはたし、わずか二年で累積《るいせき》赤字を一掃して復配を実現させました。

こう言うと、極めて順調に経営再建が進んだように聞こえます。しかし、決してすべてが順調だったわけではありません。

近藤さんが社長に就任した直後、背信《はいしん》的な役員や社員が会社の大切な財産である「商権」を持ち出し、そのまま独立してしまうという騒動がありました。その人物は、近藤さんがもっとも信頼を置いていた社内ナンバー2の常務でした。しかも本人だけでなく、部下も引き連れて独立してしまったのです。優秀な人財と有力商権を同時に失ったダメージは相当なものでした。

こうした苦難を乗り越え、近藤さんが社長になった一九九四年から日本レーザーは二五年連続黒字が続いています。そして、かつて債務超過で銀行が見放した会社の経営を引き受け、現在では世界を相手に活躍する企業へと成長しました。それを成し得たのは、近藤さんそして同社が、「人を見た」経営を愚直《ぐちょく》に行ってきた結果と言えるでしょう。

近藤さんは、自身の経営観について

「今後も必要以上に、会社を大きくするつもりはない」

「上場を目的にしていない。上場すると、市場を見た経営をせざるを得ず、右肩上がりの成長を目標にして、売上を伸ばし、利益を増やし、配当も高配当で、企業価値を高めることが最優先になる。そうなってしまえば、人にフォーカスした経営はできない」

と常に話をしています。さらに、社長自身の役割についても

「社員一人ひとりが、企業を自己実現の舞台とし、自分の仕事に誇りを持ち、熱意を持って仕事に取り組むことで成長できる『場』を提供する経営をしていく。人を見た経営のための手段として利益は非常に重要である。赤字は経営者として犯罪的行為でもある。要するに、市場を見た経営ではなく、人にフォーカスした経営で利益を上げ続けることが大切だ」

と話をしています。

多様性を重視した雇用

近藤さんの人（社員）への想いは、同氏が考えた同社のクレド（経営理念）を見れば、よくわかります。ここでその一部を紹介します。

私たちの基本的な3つのコーポレートミッション

- 私たちはお客様に〝総合的な光によるソリューション〟を提供します。
- 私たちは、年齢、性別、学歴や国籍等に係わらず、日本レーザーに働くすべての人たちに、自己実現と自己成長の機会と環境を提供します。
- 私たちは、海外サプライヤーとの交流を通じて、世界の人々と草の根の交流を推進し、相互理解と世界平和に寄与します。

私たちの経営方針はＪＬＣ（Japan Laser Corp.「日本レーザー」）を大きくすることではなく、全ての働く人たちが楽しんで仕事を行い、自分を成長させ、満足と成功を得られるような会社の仕組みを作るための助けになることです。

経営の原則（ＣＳより先にＥＳ）

- 社員の成長が会社の成長です。
- お客様満足より社員満足が第一です。
- 社員が、会社や同僚、また自分たちの供給する製品やサービスに満足しなければ、決してお客様を満足させることは出来ません。
- 社員が待遇や与えられた機会に感謝しなければ、お客様と楽しさを分かつことも出来ません。

このように、日本レーザーではすべての働く人たちが楽しんで仕事を行い、自分を成長させ、満足と成功を得られるような会社の仕組みが数多く存在しています。

それを裏付けるように、現在、日本レーザーには、性別、学歴、国籍、年齢、障がいの有無といった枠組みを取り払った様々な社員が在籍しています。それは、その人にしかない個性をもった人財を積極的に採用し、多様性を前提とした組織の活性化を進めているからです。

一方で、こうした多様な個性をもつ社員が多くいたとしても、経営側にその個性を生かす意識がなければ宝の持ち腐《ぐさ》れで、才能は埋もれてしまいます。抑圧された環境では、彼ら・彼女らが活躍することはまずありません。

近藤さんが以前に在籍していた大企業では、役員といえども、社長に対して物を言い難い雰囲気が支配していました。そうした経験を踏まえ、すべての社員を一切差別することなく、その多様性を認めながら、公平に扱うことで初めて、風通しのよい組織風土が形成されると近藤さんは信じています。

異なった価値観や文化に敬意を持ち、その上で異なった意見を自由に言い合える環境を会社が用意することによって、社員同士が互いに刺激や影響を受け合い、新たなグローバルな人財へと成長していってもらいたいと考えているからです。

二人一組で復職率が向上

現在の日本レーザーの社員構成は、他社からの転職者が八五パーセント、職歴がない人の入社も一〇パーセント、新卒入社五パーセントという状況です。その離職率は限りなくゼロに近くなっています。

また男女比率を見ても、女性社員が現在三〇パーセント、そのうち三分の一が管理職になっています。

さらに定年再雇用社員も一〇パーセント在籍し、六十歳以上の社員が二〇パーセントになっています。

近藤さんは、社内での女性活用について、

「女性活用の枠組みで話をすれば、ある程度の理解を持っている経営者は、『今後の労働環境のことも考えて、積極的に女性活用を進めよう。産休・育休制度の充実を図って、経験を積んだ人間が戻ってきやすくすればまた戦力になる』と言うかもしれません」

と話します。このように女性活躍の重要性を指摘する一方で、社員それぞれの目線にも気を配っています。

「自社の都合のみを考え、『あなたは能力があるから、どうか辞めないでほしい』という発想は、経営者の願望を見ているだけで、社員を見てはいないわけです」

こうした個々に目線を配る姿勢が、結果として女性社員の復職率を押し上げています。つまり、経営者として、個性や能力、そして社員それぞれの置かれている状況も総合的に見ていかなくてはならないといいます。

「会社に所属する全員が必ずしも、会社側が考える即戦力となっているわけではありません。どの会社にもなかなか戦力にならない人はいるものですが、私たちの会社の離職率はゼロです。なぜかといえば、社内システムの面での工夫も、もちろんありますが、見かけのテクニックだけではうまくいくことはありません。経営の姿勢がおろそかであれば、ノウハウだけまねても意味がないでしょう」

この言葉に、日本レーザーがただ社員礼讃《れいさん》だけの企業ではないことがうかがえます。離職力を出せない社員もしっかりと把握し、どうすれば生かせるのかを考えることで、離職という不幸な結果を避けるべく努力しています。

「リストラで人を切る会社では、安心して成長なんてできません。すべての社員を見ていれば、彼・彼女らの成長がわかり、どのように会社に貢献しているか、そして働く喜びを感じているかがわかります。だからこそ、リストラで人を切っていく会社の中で、安心して成長なんてできるはずがありません」

近藤さんは、日本レーザーの「社員満足」の実践こそが、企業成長につながると要諦《ようてい》であると信じているのです。

では、具体的に、なぜ女性社員の復職率が高く、社員の離職率もゼロなのか見ていきましょう。

日本レーザーでは、先述の「すべては社員のために」という理念から導き出された就業規則があり、毎年見直しと検討がなされます。また公平・公正な評価制度、社長や役員が「今週の気づき」「今週の頑張り」を毎週報告する制度、多様な人材を活かす労働時間管理といった「社員のモチベーションを上げる仕組み」が数多く用意されています。

これらの中でも、特に注目する仕組みが、同社の「ダブルアサインメント」と「マルチタスク」という制度です。

ダブルアサインメントとは、ある一つの業務に、通常は一人を割り当てるところを、あえて二人を割り当てる「二人担当制」という働き方です。これにより、担当者のどちらかが産休を取っていたとしても、お客様に迷惑を掛けるリスクは低くなります。この制度を導入することにより、子育て中の女性社員が毎日定時に帰宅することなどが可能となりました。

その一方で、制度を導入するだけでは、人件費の増加、男性社員の負担の増加などの問題が生じるということもありました。

その問題解決のため、同社があわせて導入したのが、一人で複数の業務を担当する「マルチタスク」という働き方です。

同制度を導入することにより、ある社員が突然休んだり、育児による短時間勤務になったとしても、業務に支障をきたすことが少なくなりました。

営業業務の正社員として二二年働いている篠塚《しのづか》美鈴《みすず》係長は、現在、一歳と三歳の息子さんを育てています。最初の育休から復帰して約一年後に再び産休・育休を取得し、その後も幼いお子さんのため急な風邪や発熱があって看護のために休むこともあったそうです。

「お休みをいただく時は業務を同僚の皆さんが対応するので負担をかけてしまうことになるのですが、皆さん嫌な顔せずに子どもの心配をしてくれます。私の子育てを皆さんが応援してくださっているように感じます」と篠塚さんは話します。

制度ありきではなく、社員の間にも「思いやり」の心、近藤さんの理念が息づいているのがうかがえます。

また、主に女性が活躍しやすい手段として導入されたダブルアサインメントですが、同社では、この働き方が、マルチタスクとともに実践されることで、企業と社員本人の重要なリスク対策にもなっています。

一石を投じた女性社員

この二つの制度は二〇〇七年から導入されています。その導入のきっかけは、ある女性社員の海外転勤でした。

それが中国出身の方倩《ほうせい》さんという社員です。中国の大学を卒業し、商社で二年間働いた後に、日本に留学して日本レーザーに就職しました。当時は、中国は発展の途中にあり、多くの中国の若者が欧米や日本へと留学していました。

中国の大学で学士号を取得した彼女も国外に出てみたいと考えていましたが、アメリカへの留学は両親の反対で実現できなかったといいます。しかし、彼女の熱意により、母親の妹が日本にいたこともあって、距離も近い日本に留学することになりました。そして、日本の大学院で修士号を取得します。

彼女の両親は早く帰ってきてもらいたかったようですが、日本で働きたいと考え、日本での就職活動を始めました。

しかし、就職活動は思うように進みませんでした。その壁となったのが語学力です。当時の彼女には、日本企業が外国人の採用に求める基準の日本語能力が不足していました。

そしてなにより、当時の日本企業の採用基準として重視されていたのが、大学などでの部活やゼミの経験を通した「周りとの協調性」だったことがあげられます。

中国の文化で培《つちか》われた「知識・経験」を重視する能力主義であるべきという彼女の考え方とは合わない会社が多かったことが、就職活動に大きく影響したのです。

そんな中、レーザー業界誌を発行する会社の社長の紹介で、日本レーザーの面接を受けることになりました。そして、国籍や語学ではなく、個性を重視する同社の採用方針に合致して採用されたのです。方倩さんは、採用されたことに非常に驚いたそうです。

彼女は入社後、営業アシスタントとして営業事務員をしていました。そして、一年半後に営業職を希望し、ドイツのあるメーカーを担当する営業員に配転されました。

順調に仕事は進んでいましたが、ある時、一つの決断を迫られることが起こりました。彼女は、同じ中国人留学生の男性と結婚していましたが、夫が勤務先の会社から「一年だけ上海に行ってくれ」という辞令を受けたのです。

子どももおらず、彼女の両親も夫の両親もともに上海に住んでいたこともあり、自分だけが日本に残るという選択肢は考えられない状況でした。

彼女は帰国を決意して、近藤さんに相談しました。その時の近藤さんの返答は、彼女がまったく想像していなかったものだったそうです。

近藤さんは、

「じゃ、うちの会社を辞めなくていいから、一緒に旦那《だんな》についていきなさい。そして、向こうでSOHO（スモールオフィス。自宅などで仕事をすること）で、日本レーザー上海支店のようにやってみなさい」

と言ったのです。さらに、「一年経ったら、帰ってこいよ」と快く送り出したのでした。そして、彼女は一年後、約束通りに戻ってきました。彼女が営業担当していたドイツのサプライヤーとの取引は、すべて彼女一人で行っていたため彼女がいないと継続できず、あとから聞くと近藤さんも本当に帰ってきてくれるのか心配していたそうです。

しかし、戻ってきたとはいえ、やはり影響もありました。そのドイツのサプライヤー関連の取引において、彼女が中国に戻っていた一年間はほとんど注文が取れなかったそうです。中国絡みのビジネスならまだしも、中国とまったく関係のないドイツから仕入れて日本のお客様に売る製品を、中国でコントロールするということに無理があったからでした。

その後、近藤さんの信頼に応えて彼女も必死に働き、ドイツのサプライヤーの事業を再び盛り返すことを成し遂げます。結果的にですが、プロフェッショナルな能力をもつ彼女の雇用を守ったことも、この成果に結びついたのです。

一方で、このことがきっかけで、雇用と経営の両面から、属人的な仕事、つまり、「この人でなければ、この仕事はできない・わからない」という状態をなくすことが必要だと、近藤さんは新たな仕組みの検討をはじめました。

そして、夫の転勤や妊娠・出産といった事情や、彼女のようにスモールオフィスで対応しきれない状況が発生した際に、業務を滞《とどこお》りなく進行でき、なおかつ一時的に職場を離れる当人の不安も解消して復職もしやすくする方法として、先の「ダブルアサインメント」「マルチタスク」の制度が考案されたのです。

なお、方倩さんですが、残念ながら、すい臓がんでお亡くなりになられています。しかし、彼女の功績は後の女性社員やパートさんたちにまで光明を投げかけています。

元正社員で現在は営業業務アシスタントとして働いている丸山あすかさんもその一人です。方倩さんと同様に配偶者の海外勤務があり、その後にパートとして職場復帰しました。

丸山さんは、四歳のお子さんを幼稚園に通わせながら働いています。保育園に入所できずに幼稚園に通うことになりましたが、幼稚園だとイベントも多く、その都度お休みを取ることになります。しかし、職場の同僚の理解で、柔軟《じゅうなん》なシフトで働くことができているそうです。

「一日四・五時間の週四勤務も自分の希望を元に決められました。周りの仕事の調整さえしていれば自分のペースで働くこともできる。こうした会社の風潮があるおかげで今働くことができているので本当にありがたいです」と丸山さんは語ります。

日本レーザーには、この事例以外にも、数多くの活躍している女性社員がいます。同社が進めるライフスタイルに応じた柔軟な勤務体制。近藤さんの考える社員への想いにより、いきいきと働く女性社員の姿は、多くの企業の参考になるでしょう。

Aランク＝80点以上　Bランク＝70~79点　Cランク＝50~69点　Dランク＝49点以下

指標項目	YES	NO
ワークライフバランス（男女問わず）		
㉖ 有給休暇以外で本人や家族等のメモリアル休暇制度等特別休暇制度がある		●
㉗ 月当たり残業時間は10時間以下である		●
㉘ リフレッシュ休暇等、連続5日以上の休暇制度がある	●	
社員の要望･意見･相談を聞く体制		
㉙ 会社が契約する専門家（例　カウンセラー等）を活用できる	●	
㉚ 要望･意見を気さくに聞いてくれる部署や担当者がいる	●	
㉛ キャリア面談が定期的にされて、本人の希望に沿う努力をしている	●	
㉜ 定期的に書面による社員満足度調査を実施している	●	
人を大切にする経営姿勢		
㉝ 業績重視ではなく、関係する人々の幸せを優先した経営である	●	
㉞ 経営はガラス張りであり、全社員に情報の共有化がなされている	●	
㉟ 賃金やボーナスは地域や業界の平均以上である	●	
㊱ 給与や昇給は極端な成果主義ではない	●	
㊲ 雇用形態を問わず働きたい社員は何歳でも働ける	●	
㊳ 66歳以上の継続勤務でも賃金は定年前の40%以上保証されている	●	
㊴ ダイバーシテイを積極的に推進している	●	
㊵ 本人の誕生日はもとより家族の誕生日に何らかのプレゼントをしている	●	
㊶ 地域活動やボランティア活動を奨励している		●
㊷ 社員同士の飲み会等への金銭的な補助がある	●	
㊸ 社員の子供や友人等が働いていたり、就社させたいといった希望がある	●	
㊹ 各種資格取得補助制度がある	●	
㊺ 借り上げ社宅制度、またはマイホーム購入支援制度がある		●
㊻ 人間ドックやインフルエンザ予防接種費用の補助している	●	
女性活躍推進取組みの成果		
㊼ 女性の転職的離職率は3%以下である	●	
㊽女性社員比率は30%以上である	●	
㊾ 女性の有給休暇取得率は70%以上である	●	
㊿ 女性のロールモデルが会社内にいる	●	
合計	74	

日本レーザー

女性の働きやすさ指標アンケート

2×50＝100点

指標項目	YES	NO
子育て・介護支援		
①企業内託児所、または会社が契約した企業外託児所がある		●
②育児や介護のための時間休暇や時間差出勤ができる	●	
③女性の育児休業取得比率は90%以上である	●	
④男性の育児休業所得者がいる		●
⑤介護休暇取得者比率は80%以上である		●
⑥育児休業取得後の復帰率はほぼ100%である	●	
⑦小学校3年生までの育児短時間勤務ができる	●	
⑧子供の病気などの際、会社や職場に気兼ねしないで休むことができる	●	
⑨介護サービスの利用補助制度や保育料の補助がある		●
⑩ベビーシッター活用についての補助がある		●
社員の事情を踏まえた働き方の自由度		
⑪在宅勤務またはサテライトオフィスで仕事ができる	●	
⑫正社員・非正社員など自分の希望で雇用形態を選択できる	●	
⑬家族にケアーが必要な人がいる場合の働き方に配慮している	●	
男女平等についての取組み		
⑭経営者の親族以外の女性管理職（課長級以上）がいる	●	
⑮全管理職に占める女性管理職の割合は30%以上である	●	
⑯賃金面や雇用面の男女の違いはない	●	
⑰男女問わず平等に研修のチャンスがある	●	
⑱女性だけにお茶出しや清掃の強要はない	●	
⑲本人の意思に反して（本人が短時間勤務を望む場合等）、女性が産休復帰後、キャリアアップが望めない仕事に変わることはない	●	
女性の特性を踏まえた環境整備		
⑳女性の育児や介護休暇取得時にも何等か（給与・保険等）報酬が得られるように配慮されている	●	
㉑ 女性社員の残業や会議などの際、家庭の事情の欠席がゆるされる	●	
㉒ 職場内に女性専用の化粧室・洗面台がある	●	
㉓ 生理休暇（法律で定められている）が取得しやすい環境である	●	
社員の働く環境		
㉔ 社員食堂や休憩室は快適である	●	
㉕ 温水便座のトイレがある	●	

有限会社

原田左官工業所

「3K」を払拭する女性目線の価値観と若者教育。

女性就業率が一パーセントの左官業界

東京のJR山手線西日暮里駅で下車して、八分ほど歩くと大通り沿いに全面ガラス張りのおしゃれで素敵なショールームが見えてきます。このショールームは、有限会社原田左官工業所（以下、原田左官）のものです。中に入ると、原田左官のカタログに掲載されている漆喰《しっくい》壁や塗り壁の実物が並べられています。

「SAKAN LIBRARY（左官の図書館）」といわれるこのショールームは、土がついた工具が並んだり、泥《どろ》にまみれた職人がいるような、普段私たちが抱いている建設現場のイメージとは異なり、まるで美容室のように清潔でキレイな空間です。ここには、左官に関する書籍・資料や現物サンプルがあり、お客様に実際に手に取って見てもらえることはもちろん、スタッフがお客様の目の前でサンプルを作ることもできます。

原田左官の主な事業は社名の通り、タイル張りや防水工事、レンガ積み、壁塗り、さらにはブロック工事などを行う左官業です。同社は、約七〇年前の一九四九年に現社長である原田宗亮《そうすけ》さんの祖父が創業し、その後、父そして現社長と三代にわたって経営されてきています。

左官業者の多くは一人親方か、社員がいても数名です。しかし、原田左官では、なんと四六名もの社員が働いており、国内有数の会社組織の左官業者として全国に知られています。

建設業界では、一九九〇年代初めのバブル崩壊以降、新築需要は半減しました。さらに、左官業においては、従来の塗り壁から、工場での大量生産が可能なクロス（布）やパネルの壁が主流になっていきました。

また、こうした売り上げの減少に加え、建築業界は３Ｋ（きつい・汚い・危険）の職場というイメージがつきまといます。それによって若者を中心に左官離れが進み、さらに新規で職人を目指す人も減ることで深刻な人手不足に陥ってしまいます。最盛期には、三〇万人を数えた左官職人も、現在は日本全国で七万人を切っているのが現状です。特に女性職人の人材不足は深刻で、その人数は全体の一パーセントに満たないのです。

また、左官職人の平均年齢は今や五十五歳と非常に高齢化が進んでいます。現在いる五十代や六十代の左官職人がいっせいに引退すると、職人の減少に歯止めが掛からず、千年以上続く左官職人の伝統と貴重な技術が継承《けいしょう》されないのではないかと懸念されています。

そうした建築業界や左官職人を取り巻く現状において、原田左官の職人の平均年齢は三十五歳と圧倒的に若くなっています。さらに同社の三八名の左官職人のおよそ三分の一は四年制大学の出身です。加えて女性職人は、同社では八名と、二〇パーセント以上になっています。

女性職人が生んだ新しい価値観

原田左官の女性活躍は、決して、最近の安倍総理が打ち出した国家方針を受けて始めたような日の浅いものではありません。三〇年前の一九八九年から続く先進的な取り組みの成果なのです。

当時、事務職として働いていた一人の女性の存在がきっかけでした。その女性が、興味深そうに左官の材料を触っていたのを見た職人が「やってみない?」と声をかけたのです。その時はバブル経済の真っ只中で、原田左官は猫の手も借りたいほど忙しい状況だったといいます。そこで、ためしにその女性事務員に左官作業をやらせてみたところ、意外にも上手にこなすことができました。

これを機に、先代の社長が本人の希望も聞いたうえで、人材不足の解消の一手として女性職人の雇用を開始しました。しかし当時、左官の仕事は女性には難しいと言われていました。重い材料を運んで混ぜ合わせて、長時間鏝《こて》を握って塗り続ける仕事は、とても重労働だからです。

ところが、女性職人雇用の取り組みから、予期せぬ価値観が生み出されました。例えば、従来は真っ白な漆喰壁が主流でしたが、ためしにアイシャドーや口紅を混ぜて色を付けてみたり、意図的に凸凹《でこぼこ》をつくったりといった女性ならではのアイデアが生まれ、デザインを重視する施主《せぬし》や設計事務所から好評をいただいたのです。

お客様から価値を評価されたことに加え、それがマスコミに取り上げられたこともあって、女性の左官職人希望者が原田左官に集まるようになり、「原田左官レディース」が誕生しました。今では、男女混合でチームを編成していますが、当時はまだ男性中心の風土が残る左官業界において、女性職人に対して男性職人が抵抗を感じていたので、女性だけのチームでスタートしました。

女性だけでチームを組んで仕事をすることで、会社としての仕事のやり方も変わっていきました。従来は、ただ受注した仕事のみをやっていたのですが、女性職人が新しい壁の見本を作ってお客様に提案するようになったことで販路も広がり、単にゼネコンから言われた通りではない、付加価値の高い仕事が生まれたのです。

九〇年以降になると建築業界は新たな局面を迎えます。新築市場の減少に対して、逆にリフォーム市場は成長しました。個人宅のリフォームなどは奥様が意思決定することが多いのですが、女性職人なら女性の目線でものを見ることができて、男性職人よりもきめ細かなニーズがわかるのです。さらに、女性同士の方が話しやすいといったコミュニケーションの面でも満足度が上がりました。

また、近年ではおしゃれな飲食店や雑貨店などのトレンドとして漆喰壁などの左官技術が注目を集めるようになりました。こうした店舗の外見や内装は、通常のビルよりもデザイン性が求められます。ここでも女性の豊かな感性が存分に活かされるようになったのです。

このように女性職人の誕生で、原田左官のビジネスモデルが確立されていきました。一般的には、左官工事は、「野丁場《やちょうば》（大手ゼネコンが手掛けるビルやマンション）」と「町場（個人住宅）」の二種類ですが、同社の現在の売り上げの八割がそのどちらでもない「店舗左官」になっています。

「店舗左官」は、納期が厳しいなどの理由で現場の段取りが大変ですが、一方で他の左官屋が真似しにくいために価格競争に巻き込まれないメリットがあります。また、多種多様な要望に応えるために、高い品質と斬新《ざんしん》なデザインセンスが必要となりますが、女性の感性を活かした提案が喜ばれるのです。

ビジネスモデルが「店舗左官」中心になったことで、仕事の進め方や人財採用の方針も変わっていきました。

店舗左官の納期は多くの場合、一～二週間と短期間です。こうした少量多品種施工に対応するためには、要求に応えらえるだけの多彩なスペシャリストがいることと、バックヤードで試作品を作ることが必要になります。今では原田左官は、土間の構成や漆喰仕上げにいたるまで、あらゆる部門のスペシャリストが在籍し、「国内唯一のオンリーワン提案型左官会社」と呼ばれるようになりました。

また、女性職人の誕生は、お客様だけでなく社内にも好影響をもたらしました。男性職人だけだった時の「３Ｋ」は克服され、社員に配慮した更衣室や休憩室ができました。さらに会社に明るさをもたらし、職人同士のコミュニケーションも活発になることで、人間関係も体育会系の上下関係ではなくなりました。このように会社の雰囲気がガラリと変わったことで、より若い人が入ってくるようになり、好循環が生まれたのです。

若い人が職人になるきっかけは、父親や親戚・知人が職人であることが一般的ですが、原田左官では、それまで左官業にまったく縁のなかった人たち男女を問わず全国から集まります。その秘密は、同社のホームページやＳＮＳ（ソーシャルネットワーキングサービス）を開くと理解できます。
フェイスブックには、新しい壁のデザイン、女性の楽しそうに働く様子や女性社員の育成方法といった内容が、動画でアップされています。また、女性活躍パワーアップ大賞受賞、マスコミに紹介された記事が紹介されることで社会的にも評価されているのを知ることができます。

また、若者になじみ深いSNSでは、同社の人財募集の記事やホームページへリンクしています。こうして、普段なかなか企業ページを見ない若者に同社に触れる機会を増やしているのです。

そして実際に採用ページを開くと、募集要項だけではなく、独自の職人育成システムや研修会の風景、社内レクリエーションやイベント等の情報が掲載されており、入社して働くことが具体的にイメージできるようになっています。

これらのオープンにされた情報の効果もあり、原田左官には様々な経歴を持った若者が応募してきます。ちなみに現在働いている女性職人八名の入社前の経歴は、大卒（デザイン科、建築科）、出版業、現場監督、事務のOLと実に多岐にわたります。また、二名は「ママさん職人」として左官と子育ての両立をしています。もちろん、男性の若者も全国から数多く応募があります。

「ママさん職人」たちの声

厚生労働省が二〇一五年十月に発表したデータによると、建設業界で二〇一二年三月〜二〇一五年三月までの三年以内に仕事を辞めた人の割合（離職率）は三九・七パーセントです。大卒で三〇・一パーセント、高卒においては五〇パーセントと高いのが現状です。

一方で、原田左官では、配偶者の転勤など、特別な理由がない限り辞めずに続けています。さらに出産などで一度休んだ女性職人のほとんどが復帰しています。

先にあげた二人の「ママさん職人」の声を聞いてみましょう。

Fさんは入社八年目の時に産休・育休を取得しました。見習い期間の四年（後述）を終えて一人前の職人として働き始めて四年目のことです。妊娠六カ月までは現場仕事をしていたそうですが、お腹が大きくなってきてから軽作業や事務仕事に切り替え、妊娠九カ月目で産休に入りました。出産後は育休を経て子どもが八カ月のタイミングで現場復帰します。

「当初は不安もありましたが、時短勤務や現場からの直帰など、臨機応変な対応をしていただき、仕事を続けることができました。また、イレギュラーな働き方に対しての同僚の理解にも助けられています」とFさんは語ります。

また、もう一人の「ママさん職人」は妊娠・出産が入社して間もないタイミングで、今後の話をするまではとても心苦しかったと言います。

「子育てをしながら左官の仕事を続けていくことは想像すらできなかったです」とその女性は当時を振り返ります。しかし、会社内では初めてのケースでしたが、原田さんがこれまでの制度を調査し直し、様々なフォローをしてくれました。出産後も困ったことがあるたびに相談に乗ってもらい、そのおかげで今日まで仕事を続けることができたといいます。

「息子は来年（二〇一九年）度から中学生になります。あの時に辞めなくてよかったと思うと同時にこれからも働く親の背中を見せていきたいと思います」と「ママさん職人」は嬉しそうに語ってくれました。

離職率の高い建設業で女性たちがいきいきと活躍できる背景には原田さんをはじめ職場の人々の理解が大きいのです。

計画的教育と「差」を理解する

建設業界に限らず、旧来からある職人の育成法は「見て覚えろ！」方式です。しかし、今の若者には通用せず、仕事を辞める原因にもなります。それは左官業も同様でした。

若者がやる気満々で入ってきても、一年近く鏝《こて》を持たせてもらえません。運搬や片付け、掃除といった下働きを黙々とこなし、現場で時間の余裕がある時にだけ先輩から教えてもらうのが通常でした。

そこで原田左官では、「しっかり教える」「定着する」という考え方に基づいた教育訓練システムを構築しました。それが、「四年間で一人前の職人になれる」というものです。「見て覚えろ！」で、若者や女性が不安になるのは、今後のキャリアが見えないことです。一人前の職人になるのに、五年かかるのか一〇年かかるのかがわからないのです。

原田左官では見習い期間を四年に設定し、男女を問わず五年目に一人前の職人に育てます。ここで簡単にその計画を見てみましょう。

一年目

▩四～五月　モデリングによる左官の基本の習得。
▩五～十月　専属の教育係の先輩に「働く」ことの意味を教わる。
▩十月～　教育係の先輩から卒業して、さまざまな現場を経験。
▩十二月　モデリング披露研修会。

二年目～三年目

▩一人で現場に行く機会を作り、自分の頭で判断する習慣をつける。

■「ブロック・防水」の社内検定実施。

三年目〜四年目

■現場を取りまとめるリーダー体験。施主へ仕上がったものを引き渡す。

■二級技能士（都道府県試験）の取得指導。社内で試験対策講習会実施。

四年満了

■見習い期間が終わり、晴れて職人の仲間入り。

この教育システムを導入してから、同社の離職率は、かつて四〇パーセントだった状態から五パーセントに激減したのです。

社内教育で入社一年目に最初に行われるのはモデリングです。現場に出る前に、練習用のベニヤ板に、繰り返し壁塗りトレーニングを行うのです。モデリングのねらいは、鏝などの基本道具の使い方の訓練だけでなく、最初に仕事の面白さを感じてもらうことです。

モデリングでは、映像に予《あらかじ》め収録された左官の名人が塗っている姿、作業手順や塗る動きを見て真似します。現代版「見て覚える」訓練であり、新人は、繰り返しビデオを見ながら一流の職人の動きを分析し、真似していきます。

さらに、新人の塗り姿も撮影し、一流職人との違いを比較して、ノートパソコン等の画面上で確認しながら、自分自身の動きを修正していきます。ゴルフやテニスのプロと自分のスイングの違いをビデオで比較しながら修正していくのと同じです。

こうした時代にあった教育が大切なのです。

また、原田左官では、六十代のベテランから十代の見習いまで幅広い年齢層の社員が働いています。同社に限りませんが、世代間ギャップは顕著です。

たとえば五十代以上の社員は「巨人の星」「明日のジョー」「アタックNo・1」といったスポ根アニメで育った世代です。一方、四十代以下の世代は、「キャプテン翼」といった〝ボールは友達〟〝仲良く力を合わせて〟を見てきた世代です。

ベテランの価値観でマネジメントをすれば、たちまち、若手と衝突してしまいます。そのため、ベテランには、若手との価値観の違いを意識するように指導しています。

先輩職人はいつも納期に追われています。こうした教育と意識改革の取り組みによって、計画的に後輩が育ち、先の女性の持っている新しい感性を取り入れることで、先輩自身も楽になることから、徐々に理解を示して協力的になってきました。

また、現場を取り仕切る役員が、見習い職人と定期的に食事をしながらフォローするなど、世代間、性別間のギャップを埋める取り組みは確実に功を奏しています。

「幸福の創造」を体現する女性活躍

原田左官が、業界の衰退を後目《しりめ》に成長発展しているのはなぜでしょうか。その要因は複数ありますが、あえて一つを挙げるなら、左官業を家業的業種と考えず、企業経営組織へと進化させてきたことです。

マーケティング面では、前述のように、女性の登用を生かした店舗左官に特化して他社と差異化を図ってきました。

内部マネジメント面では、紹介したような教育訓練システムを構築しただけでなく、給与体系も整備されています。同社の給与体系は、基本は経験年数に応じた年功序列で、個々の能力に応じて基本給に若干の差をつけ、その頑張りに対しては賞与で報われるようになっています。

また、職人は固定給ではなく、日給月給の形を取っています。働いた日数分が月給に反映される仕組みです。完全な固定給にしない理由は、昔も現代も職人には「縛《しば》られたくない」という意識が強いからです。そのため、一般企業と職人のハイブリッドな仕組みにしています。

賞与についても、数名の左官業者では、三万円ほどの寸志《すんし》が出るくらいですが、同社では、半年ごとに賞与が支払われます。評価項目は、「本人の仕事へ取り組み姿勢・現場での評価、仕事の出来栄え、全体会議へ出席回数」などと、一般的な企業と変わりません。

原田左官の経営ミッションは、次の三点です。

▩職人を守る

▩伝統技術の継承発展

▩幸福（しあわせ）の創造

同社が成功をしてきたのは、この経営ミッションに忠実に取り組んできたからです。「職人を守る」は、二代目（原田さんの父）が、職人が現場を引退した後も金銭的に保証されるように、怪我をしても補填《ほてん》されるようにと、職人の社員化を進めて厚生年金や雇用保険が受けられるようにしました。そして、現在の原田社長になって、後輩の指導や伝統技術の継承発展という、現場以外での新たな仕事の創出にも取り組んでいます。

原田左官が行っている判断の根底にある軸は、三番目の「幸福の創造」です。その実現のために女性の雇用といった新しい挑戦や企業化を進めてきたといえます。

原田左官の女性活躍と企業化の取り組みは、新しい時代の職人のあり方について、たくさんのヒントを与えてくれています。

Aランク＝80点以上　Bランク＝70~79点　Cランク＝50~69点　Dランク＝49点以下

指標項目	YES	NO
ワークライフバランス（男女問わず）		
㉖ 有給休暇以外で本人や家族等のメモリアル休暇制度等特別休暇制度がある		●
㉗ 月当たり残業時間は10時間以下である		●
㉘ リフレッシュ休暇等、連続5日以上の休暇制度がある		●
社員の要望・意見・相談を聞く体制		
㉙ 会社が契約する専門家（例　カウンセラー等）を活用できる		●
㉚ 要望・意見を気さくに聞いてくれる部署や担当者がいる	●	
㉛ キャリア面談が定期的にされて、本人の希望に沿う努力をしている	●	
㉜ 定期的に書面による社員満足度調査を実施している		●
人を大切にする経営姿勢		
㉝ 業績重視ではなく、関係する人々の幸せを優先した経営である	●	
㉞ 経営はガラス張りであり、全社員に情報の共有化がなされている		●
㉟ 賃金やボーナスは地域や業界の平均以上である	●	
㊱ 給与や昇給は極端な成果主義ではない	●	
㊲ 雇用形態を問わず働きたい社員は何歳でも働ける	●	
㊳ 66歳以上の継続勤務でも賃金は定年前の40%以上保証されている	●	
㊴ ダイバーシテイを積極的に推進している	●	
㊵ 本人の誕生日はもとより家族の誕生日に何らかのプレゼントをしている		●
㊶ 地域活動やボランティア活動を奨励している	●	
㊷ 社員同士の飲み会等への金銭的な補助がある	●	
㊸ 社員の子供や友人等が働いていたり、就社させたいといった希望がある	●	
㊹ 各種資格取得補助制度がある	●	
㊺ 借り上げ社宅制度、またはマイホーム購入支援制度がある		●
㊻ 人間ドックやインフルエンザ予防接種費用の補助している	●	
女性活躍推進取組みの成果		
㊼ 女性の転職的離職率は3%以下である	●	
㊽女性社員比率は30%以上である		●
㊾ 女性の有給休暇取得率は70%以上である		●
㊿ 女性のロールモデルが会社内にいる	●	
合計	56	

原田左官工業所

女性の働きやすさ指標アンケート

2×50＝100点

指標項目	YES	NO
子育て·介護支援		
①企業内託児所、または会社が契約した企業外託児所がある		●
②育児や介護のための時間休暇や時間差出勤ができる		●
③女性の育児休業取得比率は90%以上である	●	
④男性の育児休業所得者がいる		●
⑤介護休暇取得者比率は80%以上である		●
⑥育児休業取得後の復帰率はほぼ100%である	●	
⑦小学校3年生までの育児短時間勤務ができる		●
⑧子供の病気などの際、会社や職場に気兼ねしないで休むことができる　※両方あると思う	●	●
⑨介護サービスの利用補助制度や保育料の補助がある		●
⑩ベビーシッター活用についての補助がある		●
社員の事情を踏まえた働き方の自由度		
⑪在宅勤務またはサテライトオフィスで仕事ができる		●
⑫正社員·非正社員など自分の希望で雇用形態を選択できる	●	
⑬家族にケアーが必要な人がいる場合の働き方に配慮している	●	
男女平等についての取組み		
⑭経営者の親族以外の女性管理職（課長級以上）がいる	●	
⑮全管理職に占める女性管理職の割合は30%以上である	●	
⑯賃金面や雇用面の男女の違いはない	●	
⑰男女問わず平等に研修のチャンスがある	●	
⑱女性だけにお茶出しや清掃の強要はない	●	
⑲本人の意思に反して（本人が短時間勤務を望む場合等）、女性が産休復帰後、キャリアアップが望めない仕事に変わることはない	●	
女性の特性を踏まえた環境整備		
⑳女性の育児や介護休暇取得時にも何等か（給与·保険等）報酬が得られるように配慮されている		●
㉑ 女性社員の残業や会議などの際、家庭の事情の欠席がゆるされる		●
㉒ 職場内に女性専用の化粧室·洗面台がある	●	
㉓ 生理休暇（法律で定められている）が取得しやすい環境である		●
社員の働く環境		
㉔ 社員食堂や休憩室は快適である		●
㉕ 温水便座のトイレがある	●	

株式会社

坂東太郎

パートさんが店舗の「女将」のいきいき企業

北関東で圧倒的シェアのレストラン

続いては、茨城県古河市に本社を構える、茨城県・栃木県・群馬県の北関東を中心に、ファミリーレストラン事業を展開する株式会社坂東太郎を取り上げます。

同社は、北関東（茨城・栃木・群馬）、埼玉・千葉を中心に、現在七九店舗（直営七六店舗、フランチャイズ三店舗）を出店しています。近年では、多くのメディアで同社が取り上げられていることもあって、ローカルなファミリーレストランとして知る人ぞ知る存在となっています。

一九七五年、現会長の青谷洋治《あおやようじ》氏が創業し、現在では、非正規社員を含め社員約二一〇〇名、売上高は八七億円（二〇一五年十二月実績）にまで成長しています。

北関東中心と書いたとおり、同エリアで圧倒的なシェアを確保しており、全国展開とは全く違う、地域に根差した施策をしています。具体的には、元々人口密度の少ない、限られた商圏の中で、お客様の「その日の気分」や「家族の様々なニーズ・好み」に合わせた多数の業態・ブランドをつくっています。たとえばそば屋、寿司屋、焼き肉屋、とんかつ店などを多様に展開し、お客様が同社のグループ内でお店を使い分けてもらえる仕組みを採用しました。

また、メニュー数を同業他社よりはるかに多くすることで、飽きさせない工夫をし、さらに祖父母、親、子どもの三世代で、お店を使ってもらえるようにしました。ほかにも家族がくつろいで食事ができるように、これまでのレストラン業界の効率性追求という常識を覆《くつがえ》した全室個室のレストランなども用意されています。

こうした施策は、同社の経営理念に基づいています。「親孝行・人間大好き」という理念には、お客様だけでなくすべての人々に幸せになってもらいたいという思いが強く込められています。すなわち、

■ばんどう太郎の「親」とは目上の人、上司、先輩、親、すべてお世話になった人を親といいます。
■ばんどう太郎の「孝」とは、相手に理解していただくまで誠心誠意人に尽くすことです。
■ばんどう太郎の「行」とは 自らの行動で実行し続けることです。人が育つ会社、人を育てる会社、人づくり企業を目指します。(原文ママ)

という意味を持っているのです。

また、同社の経営信条を見ても、お客様、社員、地域への思いが感じられるものになっています。

■1つ、お客様に一番喜ばれる店づくりを目指します
■1つ、社員が一番幸福な店づくりを目指します
■1つ、地域に一番貢献できる店づくりを目指します
お客様に喜びと感動の提供をします（原文ママ）

同社は、食を通して顧客に喜びを与えることで社員も幸福感を得ることを信条にしており、人そして地域を大切にしている会社です。

同社で本部教育トレーナーとして活躍する大山真弓《おおやままゆみ》さんも語ります。

「会社の経営理念『親孝行』を教えていただき、とても素敵な上司に恵まれています。毎日、お客様の幸せを考え、スタッフや後輩たちとあるべきお店の姿やお客様に喜んでいただくためには何が必要かを考えて日々を過ごすと、入社してからの二二年はあっという間に過ぎました。坂東太郎の教育は人を幸せにする『共育』だからこそやりがいがあります。これからも、もっともっとたくさんのことを身に付け、楽しく仕事をしていきます」

では、同社が人を大切にした経営、社員が活躍する会社づくりを初めからできていた

かといえば、決してそうではありません。青谷さんが忘れることができない、二つの出来事をきっかけに、青谷さん自身そして会社も大きく変わっていきました。

気づけなかった社員たちの悲鳴

青谷さんは創業当初、「いずれは、一〇〇店舗・売上一〇〇億円、日本一のレストランになること」を目指していました。売り上げの大きさと店舗数の多さのみが会社の大きさだと信じ、会社が大きければ、絶対に潰れることはないと考えていたのです。

そのため、当時経営していた店がまだ小さかったこともあり、「待っているだけでは売り上げを増やせない。自分からお客様のところに出ていく『出前』を活用するしかない」と決断します。そして「配達ができるところであれば、一切断らずに出前を拡大する」と、出前中心の運営を行っていきました。その結果、多いときには一日で一〇〇～一五〇件の出前を社員らとこなし、出前が総売り上げの八〇パーセント近くにまで達するようになります。

青谷さんの思惑通り、出前は順調で売り上げは拡大していきました。しかし、その裏で青谷さんが気づかなかった社員の悲鳴が形となって現れることになります。出前をしている社員が大きな事故を起こしてしまったのです。それも同じ日に立て続けに事故が起こりました。小さな事故は、以前にも起きたことがありますが、その日の事故は、いずれの社員も意識不明の重体という重大なものになってしまったのです。

青谷さんは、社員たちのこと、そして今後の経営のことを考えて動揺し、なかなか気持ちの整理がつかないままに病院に駆けつけました。そこで意識不明の社員を目の前にして、「お願いだから助かってくれ」と心から願いました。そのとき、事故の知らせを聞いて駆けつけた社員の両親から、「お前は人を殺すために商売をしているのか」と涙ながらに責め立てられたのです。

青谷さんは、社員や家族の幸せのために商売をやってきたつもりでした。その実現のために、売り上げの拡大を進めてきました。しかし、社員の度重なる事故が起きたことで、自分自身の考え方が、果たして正しかったのかという問題意識と不安と疑念からくる危機感が、自然と青谷さんを亡き母親の墓前へと向かわせていました。

何度か墓前に足を運ぶ中で、「働く人が幸せじゃないから、辞めていくんだよ。働く人を幸せにすれば、辞めないんだよ」という亡き母親の声がはっきり聞こえてきました。その言葉を聞いた途端、肩からすっと力が抜けていき、それがきっかけとなり、店舗を増やし、売上を増やすことのみに目を奪われ、ただまっしぐらに突っ走ってきた自分自身が間違っていたことに気づいたのです。これをきっかけに、出前を一切やめることにしました。

もう一つの出来事は、店を始めたばかりの時のことです。ある日、アルバイトの女性の親が突然お店にやってきて、青谷さんの目の前で「こんな水商売でうちの娘を働かせたくない」「アルバイトであっても、あなたのところには預けたくない」と、無理やり連れ帰ってしまったことがありました。

青谷さんは、その言葉は本当にきつかったと言います。「お客様に女性従業員が飲食物を運んで提供する」という今のレストランでは当たり前に行われていることが、当時の世間では、まだ誤解されていることを初めて知ったのです。誇りを持ってレストランを経営していただけに、青谷さんは大きなショックを受けました。しかも、自分の目の前での出来事であったために、なおさら心に響くものとなりました。

それをきっかけに、「何を目指すのか。どこを目指すのか」「親御さんに息子・娘を働かせてもよいと心から思ってもらえる環境にすることができるのか。できているのか」と自問自答するようになりました。

こうした二つの出来事のように、一見すると会社にとってマイナスに思えるような事柄に真摯《しんし》に向き合うことで、坂東太郎の人を大切にした店づくり・人づくりへの転換が始まったのです。

「女将さん・花子さん」制度でやりがいを

前述したとおり、坂東太郎は現在七九店舗を出店しています。当然、青谷さんがすべての店舗管理をできるはずはありません。人を育成して、自立させ、店を任せていくことが必要になります。そのために、同氏は社員や従業員一人ひとりの役割分担を明確にして、権限を委譲していきました。その中で気を配ったことは、特定の人に権限を委譲しすぎて、その人を独裁者にしてはいけないということでした。

目先の仕事は社員に任せ、未来のことを考えて行動することが経営者本来の業務です。そのためには現場の責任者に、一定の権限を委譲していく必要があります。ところが、多くの経営者は、単純にトップダウンで権限を委譲すれば、それで組織が動くと思っています。たとえば、各店舗の経営については、店長一人にすべての権限を与えてしまいがちです。しかし、それがよいとは決して言えません。特定の個人に権限を集中させすぎると、会社運営に支障をきたすことがあります。

権限を委譲された人の中には、独裁者のようになってしまうことがあります。そうなると、誰も間違いを指摘できない、誰もチェックできないという事態になってしまう恐れも出てきます。そうなると、ますます抑止力が働かなくなり、人間の持つ弱さから、必ずその人の内面に潜《ひそ》む「自我」が顔を出してきます。

たとえば、自分が「偉い人」になったと勘違いしてしまうのです。そうなると、周りの人間が不幸になってしまいます。だからこそ、権限をうまく分散させることが重要になるのです。

同社の権限分散の一例が、パートやアルバイトに対して、やりがいを高めてもらうために、二〇〇七年に全店で導入した「女将さん・花子さん制度」です。

坂東太郎では、正社員の店長は二～三年で他の店舗へ異動してしまいます。しかし、パートで働く女性たちの中には一〇年、一五年と同じ店で勤める人もいます。当然、店舗内の誰よりもそのお店のお客様を熟知するようになっていきます。同社では、そうした女性たちを「女将《おかみ》さん」に任命し、その他の社員とは異なる、着物に割烹着《かっぽうぎ》姿で、出迎えや見送りなどの接客、スタッフのマネジメントを行います。それが「女将さん」の役割です。

女将さんは、お客様の初回来店時に、名前と特徴、家族構成といったデータをメモして、二回目以降の来店の際には、名前でそのお客様をお呼びして接客するようにしています。また、お客様の好みや、家族のことなども把握しているので、それが嬉しくてファンになり、リピーターになるお客様も多いといいます。

さらに、人生経験豊かな家庭の主婦である「女将さん」は、家計を考えて切り盛りしてきた、いわば小さな経営者と言ってもよい存在です。そのため、消費者としての目線も鋭く、店舗運営上の改善点を見つけることにも長《た》けているのです。

一方、「花子さん」は、アルバイトの学生など若い社員の相談相手と、女将さんが店舗にいないとき、女将さんの代役を担います。

パート・アルバイトの女性は、坂東太郎では貴重な人財となっています。しかし、その多くが家庭を持っているため、短時間勤務しかできないという事情を抱えています。したがって正社員にはなれない方がほとんどです。しかし、そのような中でも、彼女たちの意識を高め、これまで以上に仕事を楽しみ、やりがいを感じられる職場を提供したいという青谷さんの思いが、こうした制度に込められています。

実際、これまで家庭の主婦として子育て中心の生活をしていた女性従業員が、女将さん・花子さんを任されることで、お客様や社員から頼られ、感謝されることになり、喜びや充実感を何よりも感じてくれています。もちろん、仕事のやりがいだけでなく、責任ある役職に就くことから、特別手当も支給されています。

また、女将さん・花子さんに対しては、老舗《しにせ》旅館の女将やマナー・躾の専門講師など、おもてなしのプロを講師に招いて、年に数回、接客やマナーを向上させる勉強会を開催しています。さらに、一二年からは「女将大会」「花子大会」も開いていて、ここでは、よりよいおもてなしをするために、これまで蓄積されてきたノウハウを共有し、女将さん・花子さんの交流・絆を深めることを目的としています。

さて、先ほどから本原稿では便宜上、非正規雇用の女性従業員を「アルバイト・パート」と呼んでいます。しかし、坂東太郎では、「アルバイト・パート」という呼び方は一切していません。そういう呼び方をしていると、本人からは「私はパートだから」と責任感が低下したり、社員からは「どうせパートだから」「パートのくせに」と卑下《ひげ》する人が出てくるからです。

当初、使っていたこともありましたが、「アルバイト・パート」という呼称では、先入観からどうしても立場の差を感じさせてしまいます。同社では、働く人すべてが家族という思いで、パートのことは「ファミリーさん」、アルバイトのことは「フレッシュなファミリーさん」などと、会社で働く家族であるという位置づけをするようにしています。

働く人すべてが家族

「働く人すべてが家族」。この思いを物語るエピソードがあります。

現在は管理部課長として活躍している吉田秀子さんです。吉田さんが坂東太郎で働き出したのは二五年前のことです。当時、病気の娘さんがおり、生活のためにその娘さんと別れてただひたすらに働きました。昼は工場に勤務し、夜は坂東太郎の洗い場要員として働きました。

そして、現会長から「幸せ創造企業」という坂東太郎の理念を教わったのです。やがて、吉田さんは正社員、そして店長へと成長することができました。店舗スタッフと心を通わし、ある女性の上司に憧れを抱き、一緒に働きたいと頑張っていました。ところが、そんな吉田さんにさらなる試練が起こります。がんを患《わずら》ってしまい、一年間の休職を余儀なくされました。

そして、がんを克服し、職場に復帰した吉田さんは大きな驚きと喜びに迎えられました。なんと坂東太郎は休職前よりも厚待遇、そして役職も昇格して再就職を受け入れてくれたのです。

「普通の会社にはないことで感謝しかありません。従業員や家族まで大切にしてくださる会社のおかげで二五年頑張ることができました」と吉田さんは語ります。そして、その頑張りを形にするために、念願のマイホームを建て、現在は病気の娘さんも呼び寄せて一緒に幸せに暮らしています。

「今では管理部課長として坂東太郎の中で輝く仕事をさせていただき、本当に幸せだと思っています」と吉田さんは笑顔を見せてくれました。

自分も幸せでいることが大切

同社には、店舗・店長・社員それぞれに対する数多くの表彰制度があります。表彰制度を取り入れている企業は数多くありますが、同社の表彰制度は、単に表彰するだけではなく、モチベーションを高め、会社が社員に何を求めているのかを知らしめる教育目的もあわせ持ったものになっています。

具体的な賞としては、店舗を対象としたものは、「月間の〈みそ煮込みうどん〉の獲得数」や、「そばや宴会などの獲得数」といった項目ごとの獲得数が毎月公表され、ナンバーワンの店舗が表彰されます。さらに「床ピカピカナンバーワン賞」という賞もあり、床をピカピカにしているナンバーワンの店舗が表彰されます。床を綺麗に毎日コツコツ磨くことで表彰されることがモチベーションにつながっています。これらの発表により、お互いの店舗が切磋琢磨《せっさたくま》してサービスの向上に努めているのです。

また、社員個人を対象としたものとして、「お客様アンケートお褒めナンバーワン賞」「ありがとうカードナンバーワン賞」「女将ナンバーワン賞」「花子ナンバーワン賞」などの表彰があります。

店舗・社員それぞれへの表彰を充実させることで、自然とモチベーションが上がり、その上がったモチベーションが店舗に、そしてお客様に還元されていくように工夫された制度になっています。

このように、同社では働く人すべてが家族という思いを強く持っています。それは、お客様が大事だからこそ、社員をいちばん大事にしているのです。青谷さんの代わりに手足となり、代理となる社員や従業員。たとえ、それがパートさん・アルバイトさんであっても、社長の代わりとなってくれている。だからこそ、いちばんなのです。

働き手が幸せでなかったら、元気でなかったら、お客様を喜ばすことができないということをすごく大事に考えているのです。これは決してきれい事などではありません。青谷さんは社員の幸せづくりのために、様々な取り組みをやってきました。

その精神のおおもとには、奥様からの「私は幸せではないの」という一言がありました。まだ経営が安定していない時、「給料を払わずに、一人社員を増やすとしたら結婚するしかない」と奥様との結婚の際に青谷さんは考えてしまったそうです。一見冗談のように思うかもしれないが、青谷さんは真剣でした。当然、新婚旅行などもしていません。結婚式もお店の中で何とかやったというくらい。その後、社員には社員旅行で海外に連れて行ったことがあるのに、奥様を連れて行ったことはありませんでした。

「自分はいい。よい車も豪華な家もいらない。せめて社員のみんなには海外旅行も行かせてあげよう」と青谷さんは思っていました。そんなところに奥様から「私は幸せじゃないの」と言われ、その次の年に初めて一緒に海外に行きました。奥様はハワイのビーチを歩きながら、「ハワイっていいな。これからもっと多くの人を研修に出してあげようよ」と心の底から言ってくれたそうです。

自分が幸せじゃなかったら、ともにいる妻にも幸せを分けてあげることができない――。どんなにきれい事を言っても、こちらが幸せでなければ相手に幸せを分けてあげることができない――。そのことを、つくづく学ばせてもらったと言います。奥様や、ともに働く社員から教えてもらった一つひとつのことを通して変わっていく、変えていく環境を作っていったのです。

当社には、「女将さん・花子さん」以外にも、数多くの活躍している女性社員がいます。飲食業界では、多くの女性社員、パート・アルバイトの方が働かれていますが、同社でやりがいと責任を持ち、いきいきと働く女性社員の姿は、多くの企業の参考になることでしょう。

Aランク＝80点以上　Bランク＝70~79点　Cランク＝50~69点　Dランク＝49点以下

指標項目	YES	NO
ワークライフバランス（男女問わず）		
㉖ 有給休暇以外で本人や家族等のメモリアル休暇制度等特別休暇制度がある	●	
㉗ 月当たり残業時間は10時間以下である		●
㉘ リフレッシュ休暇等、連続5日以上の休暇制度がある		●
社員の要望・意見・相談を聞く体制		
㉙ 会社が契約する専門家（例　カウンセラー等）を活用できる		●
㉚ 要望・意見を気さくに聞いてくれる部署や担当者がいる	●	
㉛ キャリア面談が定期的にされて、本人の希望に沿う努力をしている	●	
㉜ 定期的に書面による社員満足度調査を実施している		●
人を大切にする経営姿勢		
㉝ 業績重視ではなく、関係する人々の幸せを優先した経営である	●	
㉞ 経営はガラス張りであり、全社員に情報の共有化がなされている	●	
㉟ 賃金やボーナスは地域や業界の平均以上である	●	
㊱ 給与や昇給は極端な成果主義ではない	●	
㊲ 雇用形態を問わず働きたい社員は何歳でも働ける	●	
㊳ 66歳以上の継続勤務でも賃金は定年前の40%以上保証されている	●	
㊴ ダイバーシテイを積極的に推進している	●	
㊵ 本人の誕生日はもとより家族の誕生日に何らかのプレゼントをしている	●	
㊶ 地域活動やボランティア活動を奨励している	●	
㊷ 社員同士の飲み会等への金銭的な補助がある	●	
㊸ 社員の子供や友人等が働いていたり、就社させたいといった希望がある	●	
㊹ 各種資格取得補助制度がある	●	
㊺ 借り上げ社宅制度、またはマイホーム購入支援制度がある	●	
㊻ 人間ドックやインフルエンザ予防接種費用の補助している		●
女性活躍推進取組みの成果		
㊼ 女性の転職的離職率は3%以下である		●
㊽女性社員比率は30%以上である	●	
㊾ 女性の有給休暇取得率は70%以上である		●
㊿ 女性のロールモデルが会社内にいる	●	
合計	72	

坂東太郎

女性の働きやすさ指標アンケート

2×50＝100点

指標項目	YES	NO
子育て・介護支援		
①企業内託児所、または会社が契約した企業外託児所がある	●	
②育児や介護のための時間休暇や時間差出勤ができる	●	
③女性の育児休業取得比率は90%以上である		●
④男性の育児休業所得者がいる		●
⑤介護休暇取得者比率は80%以上である		●
⑥育児休業取得後の復帰率はほぼ100%である		●
⑦小学校3年生までの育児短時間勤務ができる	●	
⑧子供の病気などの際、会社や職場に気兼ねしないで休むことができる	●	
⑨介護サービスの利用補助制度や保育料の補助がある		●
⑩ベビーシッター活用についての補助がある　※4月より企業内託児所開園		●
社員の事情を踏まえた働き方の自由度		
⑪在宅勤務またはサテライトオフィスで仕事ができる		●
⑫正社員・非正社員など自分の希望で雇用形態を選択できる	●	
⑬家族にケアーが必要な人がいる場合の働き方に配慮している	●	
男女平等についての取組み		
⑭経営者の親族以外の女性管理職（課長級以上）がいる	●	
⑮全管理職に占める女性管理職の割合は30%以上である	●	
⑯賃金面や雇用面の男女の違いはない	●	
⑰男女問わず平等に研修のチャンスがある	●	
⑱女性だけにお茶出しや清掃の強要はない	●	
⑲本人の意思に反して（本人が短時間勤務を望む場合等）、女性が産休復帰後、キャリアアップが望めない仕事に変わることはない	●	
女性の特性を踏まえた環境整備		
⑳女性の育児や介護休暇取得時にも何等か（給与・保険等）報酬が得られるように配慮されている	●	
㉑女性社員の残業や会議などの際、家庭の事情の欠席がゆるされる	●	
㉒職場内に女性専用の化粧室・洗面台がある	●	
㉓生理休暇（法律で定められている）が取得しやすい環境である	●	
社員の働く環境		
㉔社員食堂や休憩室は快適である	●	
㉕温水便座のトイレがある	●	

株式会社

ふらここ

伝統ある「雛人形」と現代のお母さんを結ぶ女性の感性。

購入の決め手は若いお母さん

東京都中央区東日本橋に本社を構える、雛《ひな》人形・五月人形を中心とする日本人形の製造販売を行うのが株式会社ふらここです。同社では、人形作りという伝統工芸に女性ならではの感性を取り入れて、伝統と最新のトレンドを非常にうまく融合させています。

同社は二〇〇八年に、現社長の原英洋《はらひでひろ》さんが創業しました。実家は祖父の代から人形師の家系であり、祖父は人間国宝の人形師、そして母は女流人形作家となった人物です。そんな家柄の中、原さんも当たり前のように、自身も人形師となるべくもともと両親が経営していた人形の会社で働き始め、後継者として会社経営にも加わっていました。

原さんは、次第にある疑問を感じ始めます。それは「人形師という伝統工芸・伝統産業の業界が昔からの旧態依然とした体制を今でも続けている」こと対するものでした。職人が作りたいものを作ってお客様に提供するという昔と変わらないやり方では、いくら伝統産業とはいえ、いずれ限界がくるのではないか――。昔の職人たちが試行錯誤して築き上げたやり方を、そのまま受け継ぐことが、果たして伝統を受け継いでいく上で妥当《だとう》なのか――。

雛人形や五月人形の歴史は一〇〇〇年続いていると言われています。その歴史の中で、同じものがただ受け継がれてきたわけではなく、その時代ごとに人形の形も、作り方も変化してきたはずです。そう思いをめぐらすと、自分が働く会社の旧態依然とした経営に危機感が募《つの》ってきたのです。

そして、原さんが感じたその危機感が現実のものとなった出来事が起こりました。原さんが、両親の人形店で働いていた時、売り場で接客をしていた際の出来事でした。

原さんは二〇年以上にわたり売り場に立ってきました。その中で、お客様の層や購買の傾向が変わってきていることに気づいたのです。働き始めたころ、雛人形はおじいさんとおばあさんが孫へのプレゼントとして選ぶギフト市場が当たり前の光景でした。そして、売れている人形の多くが童謡「うれしいひなまつり」に歌われているような立派なものでした。それが次第に、購入の主導権がだんだんと若いお母さんに移ってきているのではと感じるようになっていきました。

その象徴的な出来事が一本の電話でした。若いお母さんから「娘の初節句に両親（祖父母）から雛人形を贈られたが、飾りたくないものを贈られても困るので返品したい」

というキャンセルの電話でした。

それまでは、店舗販売でも購入の時に若いお母さんの意見が反映されることもあったので、主導権が祖父母から若い親へ変わってきているのかなという感覚はありました。しかし、まさか祖父母がせっかく孫に贈った立派な人形を親がキャンセルするという電話がきたことは、原さんにとって衝撃的であり、本当に時代が変わってきたことをひしひしと肌で感じることになりました。

その後、たまたま同業他社の展示会の手伝いをする機会があり、そこで売られていた他社の商品を若いお母さんが好んで買っている光景を見ました。売れていたのは、これまでにはないコンパクトなサイズの雛人形でした。

新たな購買傾向を知った原さんは会社に帰ると早速、「今はコンパクトな雛人形が売れている。だから自社でもそういう人形をつくろう」と両親や社員に話をしました。ただ、これまでの人形作りのノウハウや工程をすぐに変えることは大変です。そういった事情から新たな商品をすぐに大量に作るのではなく、まず三～四種類の新しいコンパクト人形を作りました。そして次年度に販売してみたところ、予想以上に販売が順調に進みました。手ごたえを摑《つか》んだ原さんは、コンパクトサイズの雛人形の種類や生産量を増やしていき、最終的には自社のメイン商品として、金額ベースで売り上げの八〇パーセントを占めるまでになったのです。そして売上も年を追うごとに拡大していました。

変化を好まない伝統業界の実態

しかし、売上が伸びても、原さんにとっては、まだ自分が望む人形作りのあり方を確立することができずにいました。新しい顧客を獲得したことで、店舗でお客様と話をしていても、これまでなかったニーズや声も入ってくるようになりました。しかし、サイズ以外の要望については、なかなか実現することができなかったのです。伝統を重んじる昔ながらの男性職人には受け入れられない要望も数多くあり、「そこまでお客に迎合《げいごう》する必要があるのか」と聴き入れてもらえない状態が続きました。

雛人形市場がギフト市場からパーソナルユース（ほしい人が自分で買う）市場へと変化し、主導権がおじいさん・おばあさんから子どもが生まれたばかりの若いお母さんへと移ってきていることは明らかでした。それは近年の核家族化の影響もあったのでしょう。

原さんが心配していたのは、自分そして職人が、若いお母さんとは性別も違えば年齢的なギャップもあるということでした。このまま自分たちが人形を作り続けていては、やがて限界がくるだろう。しかし女性同士であれば、無条件にこういったものが好まれるという共通的感覚がある。そこで原さんは、女性たちとものづくりをしていこうと考えて独立を決意したのです。

原さんは、以前から積極的にお客様の声をヒアリングしてきました。独立に向けて、顧客調査にさらに力を入れ、「こういったものを開発すれば売れるのでは？」というアイデアを温めてきました。その取り組みや女性社員たちの活躍はのちほど紹介しますが、実際に独立してニーズに応えた商品提供をしたところ、想像以上の反響と市場の大きさに驚いたといいます。

初年度の二〇〇九年は、独立したばかりだったため、雛人形二〇〇セット、五月人形一〇〇セットの合計三〇〇セットをテスト販売しました。すると用意していた人形は瞬《また》く間に売り切れ、売り上げは約四五〇〇万円になりました。ちなみに、三〇〇セットというのは決して少ない数字ではなく、たとえば夫婦二人で営《いとな》んでいる人形店であれば一年間はやっていけるだけの金額になる販売数です。

その後も売上・販売数とも右肩上がりを続け、創業五年目の二〇一二年には、売上一・四億円、販売数は雛人形・五月人形あわせて約一二〇〇セット。そして最新の二〇一七年では、売上四億円、販売数は約三八〇〇セットと成長を続けています。

お客様のニーズ・購入決定者が変化している中で、製造・売り手側の体質は変わっていない――。原さんが業界を分析してわかったことは、そうした自己変革をしていない業界関係者のうち、お客様の変化そのものに気づいていない人が全体の三分の一も存在していることです。さらに、消費者の変化に気づいていながら自分たちは動けない・動かない人が三分の一存在しているということでした。

変化をわかっていない人たちは、そもそもお客様の関心に興味を持っていない人たちです。作り手が作りたいものを作る「プロダクトアウト」がよいことだと考える職人で、昔ながらの人形を作り続けています。

また、わかっていても動けない人たちには二つのタイプがあり、一つは自分たちがどう変わっていけばよいのかわからず動かないタイプ。そして、もう一つはいろいろと行動を起こしてみたものの成果が出ずに結局身動きがとれなくなるタイプに分かれます。

さらに、この問題を大きくしている原因が、人形業界の多くが「製販分離構造」となっている点です。つまり、「作り手は作ったらそれまで」「売り手は届いた商品を売るだけ」という仕組みです。確かに作り手と売り手の双方にとって自分たちのやるべきことをやるだけなので楽なのは確かです。

それを統合する（作り手と売り手が共に新商品の開発や売り方を考える）ということは、それまでは相手に任せていた仕事を両方やらなければいけません。当然仕事内容は煩雑《はんざつ》になります。また作り手である職人たちが旧態依然としているため、製販一体化を進めるハードルは非常に高くなっています。嫌がる職人に無理に仕事をしてもらうことは、口で言うほど簡単ではなく、その抵抗に負けてしまう人たちが多いため、業界は変われないでいるのです。

それでも原さんは、この業界は非常に恵まれていると言います。それは、少なくとも毎年一〇〇万人近い子どもが生まれ、その親御さんは子どもにすくすくと成長してほしいと願っています。その親御さんたちに、きちんとアプローチしていき、今のお母さんにも好まれるようなデザインで、飾りやすく収納スペースも取らない人形を作っていく。そして人形が子どもの健やかな成長を願うものだと情報発信さえしていけば、極めて高い確率で、購入してくれる可能性がある商材だからです。

そして、ふらここが多くの若いお母さんの支持を得られているのも、これから紹介する女性社員の活躍が大きく影響しています。

声なきニーズを感じ取る女性の感性

同社に多くの女性のお客様が集まってくるのは、基本的に女性は雛人形に関する関心を潜在的に持っていることが大きいと言えます。雛人形を知らない日本人はまずいませんし、また子どものころに雛人形を飾ってもらった経験のある人たちは、雛人形への関心を持ち続けています。しかし、昔のような古い雛人形は好きではないし、飾りたいとも思っていません。でも、自分たちの好みに合うものがあれば、また飾ってみたいという思いは常に持っているのです。

さらに新卒の女子学生が、同社に多く集まるのは、近年では、以前よりも日本の伝統・文化に関心を持つ学生が増えているということもあります。それに加え、旧態依然とした伝統業界において、ふらここが女性を取り入れた新しい取り組みを積極的に行っていることを理解して応募してくれる学生が本当に多いと言います。

同社に、若い女性がお客様・社員としてやってくるのは、伝統人形が関心を持ちやすい商材であるということと、そして「ダイバーシティ経営企業100選」（経済産業大臣表彰）の受賞などを通じて、同社が女性に優しい会社であると評価されていることが強く影響しているのです。

なぜ同社は女性を大切にしているのでしょう。それは、女性の持つ感受性つまりお客様の気持ちを感じ取ることができるからです。

店舗に訪れたお客様が、具体的に「こういう人形を作ってください」と細かいディティールまで言ってくれる方はほとんどいません。「春っぽく」「華やかな感じで」「かわいらしく」というように人形の漠然《ばくぜん》としたイメージを伝えてくださる方がほとんどです。従業員は、お客様との会話で言葉の中から一つひとつキーワードを拾って具体的な形を模索《もさく》していくしかありません。ただ、それを男性がやるのか、女性がやるのかに決定的な違いがあります。

たとえば、女性の洋服を男性だけでデザインしようと思っても、当然無理があります。やはり女性の好みをきちんと分析するために、女性も入ってデザイン加工を進めていく必要があります。それと同様に、女性の好みや要望を形にしやすくするような環境・仕組みを整えていくことが重要です。そこで女性、特に若いお母さんのニーズを吸い上げるために同年代の女性のほうが把握できるのではないか、ということが女性活用のきっかけでした。

原さんは、男性にはない女性特有の感性や考え方があると感じていました。その女性たちに活躍してもらうために、どんな環境が必要なのかということを模索してダイバーシティ経営を進めてきたと言います。業界が大きく変化をしている中で、女性活用は必然的な流れだったのです。

接客以外の検品や最終仕上げの工程といった分野でも女性の力は発揮されています。女性の持つきめ細やかさを活かしたチームを編成して、検品及び木目込み部分の生地《きじ》や髪の毛のほつれ直し等の最終仕上げを年間通じて徹底的に実施しています。人形を愛《いと》おしみ、子どもたちの健《すこ》やかな成長を祈る気持ちで時間をかけて丁寧に仕事を進めてくれるので、不良品やイメージの違いによる返品を受け付けてはいるものの、お客様からのクレームはほぼ皆無となっています。

また同社が女性に活躍してもらうために取り組んだのが、「責務ある業務への女性社員の配属」「残業時間の削減」「一人ひとりが能力や適性を十分に発揮するための人事制度の構築と運用」でした。そして現在は、各部署の業務を見える化してＰＤＣＡ（生産管理・品質管理などの管理業務）をしっかりと回し、誰もがバランスよく質の高い仕事を無理なくできるような体制づくりに取り組んでいます。そのときに意識したのが男女の考え方の違いでした。あくまで一般論としてですが、男性はどちらかといえば理屈でものを考えます。一方、女性はどちらかといえば情緒的にものを判断する傾向にあります。女性の活躍を考える場合、女性が納得する形で仕組みを作っていくことが必要です。

たとえば、ある仕事に対して、男性ならば「仕事だからやらなければいけない」と言えば、「仕事ならば」と理屈で納得して取り組むことが多いといいます。一方、女性の場合、「仕事だから」と同じように言っても、「なにかおかしい」と感じれば納得してくれないことがあるそうです。

それを放っておくと不満になってしまうため、しっかりと向き合って「これをこういう理由で、こうだからやる必要がある。でも最初は難しいから一緒にやろう」と、伴走《ばんそう》しながらやっていくことで納得してくれて取り組んでくれるようになることが多いと言います。また原さんの経験上、女性は同じ時間を共有することでわかりあったり、納得したりすることが多いと感じています。そして一度、納得をしてくれると、女性はすごくきめ細かい丁寧な仕事をしてくれるようになるのです。実際に働いてくれている社員の気持ちに寄り添い、納得のいく働き方をしてもらえるかどうかは、経営者として常に考えておかなければならないと言います。

これだけ、世の中で女性活躍推進が叫ばれる中で、やってみてもうまくいかないという企業が数多くあるのは、明らかに男性的考え方と女性的考え方で異なる点があり、それを理解せずにいると、いつまですれ違ったままになってしまいます。そこで女性の立場になって、もう一度考え直してみるという受け止め方を、どれだけできるように努めるかが大切なのです。

男性と女性の違いを理解する

同社の現在の女性正社員は一〇名います。それぞれが分野を問わずに責務ある業務に配置されています。（製造部商品企画課二十代二名。製作課三十代一名、四十代一名。販売部販売管理課二十代一名、三十代一名。販売促進課二十代二名。物流部ロジスティック課四十代一名。経営企画部経理課三十代一名）

いま、女性の管理職や責任ある立場のあり方が問われています。男性的なトップのリーダーとしてではなく、女性の持つほかの社員との協調性を生かすあり方もその一つです。実際に、女性一人を突出させると孤立してしまい思うような結果が出ないことを原さんは経験してきました。

女性の持つ協調性を発揮し、みんなで協力することはよいことです。したがって、原さんは一人ひとりの個性と向き合い、上下の差というよりも責任感を持たせるため、責務ある業務に配属するように心がけました。たとえば社内に後輩ができれば指導して育てたいという気持ちは、当然あるものです。その思いをうまく醸成《じょうせい》していく中で、序列をつけるよりも後輩ができたなら責任をもって育てよう、一緒に働けるようになろうと自然に思えるようにしていくのがよいと考え、取り組んでいきました。

ふらここでは、二〇一五年一月から、一年三カ月をかけて、社員全員参加で人事制度を構築しました。全員参加としたのは、原さんの苦い経験があったためです。

その経験とは、二〇一四年、社内の意識低下や規律の乱れなどが起こらないように考慮して、原さんが一人で作成した社員のための「ルールブック」でした。原さんにとって、ルールを作るのは当たり前と思っていましたが、それを社員の前で発表したところ大反発にあいました。その結果、当時六名しかいなかった社員のうち四名が辞めていく事態になりました。ちなみに、そのルールブックは既にすべて廃止されています。

このことを教訓に、経営判断は別にして、可能な限り全社員の総意のもとで決められることはみんなで決めるようにしていきました。

そこで取り組んだのが人事制度構築です。結果的に、制度の未完成の部分などの調整で時間を要すことになりますが、全員参加で構築を進めたことで、社員とのコミュニケーションが円滑《えんかつ》に取れるようになりました。そうした機会を通して、女性特有のものの考え方を深く知るチャンスも得られるようになったのです。

また社員と実際に語り合うことで、「女性が働きやすい環境の整備」「社員主体の制度・ルールの構築」が進められています。

その代表的なものとして、子育て中の社員のために、子連れ出勤を認めています。特に、幼稚園や学校が夏休みの時期など、子どもを家に一人残して出勤できなかったり、お留守番をさせることに不安が残ります。その結果、業務効率も落ちてしまう心配もあります。そこで子連れでの出勤を認めて安心して仕事に集中できる環境を作っています。

実際に、ふらここで育休・産休を最初に取得した女性社員にお話をうかがいました。

彼女の妊娠を聞き、社長も社内の仲間も子どもが生まれてくることを我がことのように喜んでくれ、彼女は出産後三カ月で時短制度・時間差出勤制度を利用して職場に復帰します。その後も、急な休みにも対応してくれ、さらに子どもの誕生日には会社からプレゼントをもらったり、夫が病気の際には子連れ出勤を認めてくれたりと小さい子どもを持つ社員に優しい制度が多いと実感しているそうです。

「周囲が子育てを温かく見守ってくれていると感じられる環境なので、自信を持って育児と仕事を両立できています。様々な制度が整っている会社はたくさんありますが、周囲の理解を伴いながら制度を活用できる会社というのは本当にありがたいです」とその女性社員は語ります。

その他にも、パートで入社した社員でも意欲の高い社員については、正社員に転換できる制度を設けるなど、できることから一歩一歩取り組んでいます。

原さんは、女性活躍で重要なことは、「男性と女性では違いがあることをまず認識し、それを面倒に思わず、どれだけ丁寧に接していけるか。違いがあることを前提に、どうすれば活躍してもらえるのかを試行錯誤で繰り返して分かり合うことだ」と考えています。この考えは多くの企業の参考になると思います。

Aランク＝80点以上　Bランク＝70~79点　Cランク＝50~69点　Dランク＝49点以下

指標項目	YES	NO
ワークライフバランス（男女問わず）		
㉖有給休暇以外で本人や家族等のメモリアル休暇制度等特別休暇制度がある	●	
㉗月当たり残業時間は10時間以下である	●	
㉘リフレッシュ休暇等、連続5日以上の休暇制度がある	●	
社員の要望･意見･相談を聞く体制		
㉙会社が契約する専門家（例　カウンセラー等）を活用できる	●	
㉚要望･意見を気さくに聞いてくれる部署や担当者がいる	●	
㉛キャリア面談が定期的にされて、本人の希望に沿う努力をしている	●	
㉜定期的に書面による社員満足度調査を実施している		●
人を大切にする経営姿勢		
㉝業績重視ではなく、関係する人々の幸せを優先した経営である	●	
㉞経営はガラス張りであり、全社員に情報の共有化がなされている	●	
㉟賃金やボーナスは地域や業界の平均以上である	●	
㊱給与や昇給は極端な成果主義ではない	●	
㊲雇用形態を問わず働きたい社員は何歳でも働ける		●
㊳66歳以上の継続勤務でも賃金は定年前の40%以上保証されている		●
㊴ダイバーシテイを積極的に推進している	●	
㊵本人の誕生日はもとより家族の誕生日に何らかのプレゼントをしている	●	
㊶地域活動やボランティア活動を奨励している	●	
㊷社員同士の飲み会等への金銭的な補助がある	●	
㊸社員の子供や友人等が働いていたり、就社させたいといった希望がある		●
㊹各種資格取得補助制度がある	●	
㊺借り上げ社宅制度、またはマイホーム購入支援制度がある		●
㊻人間ドックやインフルエンザ予防接種費用の補助している	●	
女性活躍推進取組みの成果		
㊼女性の転職的離職率は3%以下である	●	
㊽女性社員比率は30%以上である	●	
㊾女性の有給休暇取得率は70%以上である	●	
㊿女性のロールモデルが会社内にいる	●	
合計	74	

ふらここ

女性の働きやすさ指標アンケート

2×50＝100点

指標項目	YES	NO
子育て・介護支援		
①企業内託児所、または会社が契約した企業外託児所がある		●
②育児や介護のための時間休暇や時間差出勤ができる	●	
③女性の育児休業取得比率は90％以上である	●	
④男性の育児休業所得者がいる		●
⑤介護休暇取得者比率は80％以上である		●
⑥育児休業取得後の復帰率はほぼ100％である	●	
⑦小学校3年生までの育児短時間勤務ができる		●
⑧子供の病気などの際、会社や職場に気兼ねしないで休むことができる	●	
⑨介護サービスの利用補助制度や保育料の補助がある	●	
⑩ベビーシッター活用についての補助がある		●
社員の事情を踏まえた働き方の自由度		
⑪在宅勤務またはサテライトオフィスで仕事ができる		●
⑫正社員・非正社員など自分の希望で雇用形態を選択できる	●	
⑬家族にケアーが必要な人がいる場合の働き方に配慮している ※介護休暇、育児休暇・時短制度などの制度面での配慮はあります。ケアーを理由にした業務内容の計量調整はありません。		●
男女平等についての取組み		
⑭経営者の親族以外の女性管理職（課長級以上）がいる	●	
⑮全管理職に占める女性管理職の割合は30％以上である	●	
⑯賃金面や雇用面の男女の違いはない	●	
⑰男女問わず平等に研修のチャンスがある	●	
⑱女性だけにお茶出しや清掃の強要はない	●	
⑲本人の意思に反して（本人が短時間勤務を望む場合等）、女性が産休復帰後、キャリアアップが望めない仕事に変わることはない	●	
女性の特性を踏まえた環境整備		
⑳女性の育児や介護休暇取得時にも何等か（給与・保険等）報酬が得られるように配慮されている ※休暇中の給与支給はありません。休暇中は在籍（出勤）扱いのため、復職後、休暇を取ることで給与や保険で不利になることはありません。	●	
㉑ 女性社員の残業や会議などの際、家庭の事情の欠席がゆるされる ※会議の日に、子供の熱などの事情により急遽有休を取ることは許されています。家庭の事情を理由に欠席や残業免除、ということはしていません。全員平等に扱います。	●	
㉒ 職場内に女性専用の化粧室・洗面台がある	●	
㉓ 生理休暇（法律で定められている）が取得しやすい環境である		●
社員の働く環境		
㉔ 社員食堂や休憩室は快適である	●	
㉕ 温水便座のトイレがある	●	

株式会社

吉村

専業主婦から会社経営に挑んだ女性経営者。

変動する業界に立ち向かう女性社長

株式会社吉村は、日本茶のパッケージを企画・製造する会社です。一九三二年に創業し、八六年の歴史誇ります。小売店、茶問屋、製茶メーカー、茶農家など日本茶に関わる幅広い取引先のニーズに応じています。

現在は三代目の橋本久美子《はしもとくみこ》さんが代表取締役社長を務めていますが、初代のお祖父さんが品川で日本茶の紙袋の製造を始めたのがきっかけです。当時、お茶の販売方法は店頭にある茶箱からの量《はか》り売りが主流で、お茶をトントンと紙袋に詰めて紐《ひも》で縛るといった販売方法でした。一九七二年に二代目の橋本さんのお父さんが経営を引き継ぐころには、保存性の高いアルミパッケージが登場しました。橋本さんのお父さんは、「これからは生産地で詰めたものが市場に出回るようになるので紙袋はなくなる。吉村は（パッケージ）メーカーになる」と、自社にグラビア印刷やラミネート加工の設備を整え、焼津に工場も新設しました。

しかし、翌年に第一次オイルショックがあり、経営は悪化。借金も膨《ふく》らんで資金繰《ぐ》りに奔走《ほんそう》するお父さんの様子を見て、「経営は、努力をしていても何が起こるかわからないという怖さを忘れることができない」と橋本さんは、当時を振り返ります。

その後、高度成長でスーパーマーケットなど専門店以外で購入するセルフ販売が全盛を迎えます。それに伴ってラミネートパックに入った日本茶は売上を伸ばしていき、吉村は、売り上げ五二億円、従業員一五〇名の業界トップ企業に成長しました。

しかし、日本茶市場の変動はこれで収まりませんでした。日本茶の国内消費量は二〇〇八年までは横ばいですが、実質は急須《きゅうす》からペットボトルに変わり、日本人の食生活も洋食の増加とともにコーヒーが好んで飲まれるようになりました。

こうした社会背景もあり、橋本さんが社長になるまでの一〇年間で売り上げも四五億円と右肩下がりで落ち込んでいきました。

次期社長の指名を受けたとき、橋本さんは大阪に嫁いで専業主婦をしていました。次の社長は義理の弟の専務だと誰もが思っていたので、会社勤めの経験もなく経営を学んでもいない橋本さんが後を継ぐとは夢にも思っていなかったといいます。

お父さんの先見の明でしょう。社長に就任後、会社経営をする際に専業主婦であった橋本さんの消費者としての経験が、経営の意思決定に大いに役に立つことになりました。

主婦の経験を活かした商品開発

橋本さんが大阪で暮らしていたころ、実家の吉村を強く意識する出来事がありました。ご主人の会社の社宅で奥様同士のお茶会があった時のことです。呼ばれていったお宅では、コーヒーか紅茶ばかりで日本茶を出す家庭がなかったのです。逆に、橋本さん宅で日本茶を出すと喜んで飲んでくれます。不思議に思った橋本さんが他の奥さんに聞いてみると、彼女たちが日本茶の正しい入れ方をわからなかったと判明しました。

コーヒーと紅茶しか飲まない若いお母さんの子どもは日本茶を飲まなくなる。このままでは、将来お茶袋はいらなくなってしまうと、急に実家のことが心配になりました。

そこでお父さんに、日本茶を飲まない人の意見を座談会で聞いてお茶屋さんに消費者の声をフィードバックすることを提案しました。

ところが、そうした声をお茶屋さんに伝えると、「気分が悪い。座談会でアルバイト料を出しているのであれば、茶袋代を安くしろ」と言われてしまったのです。その当時は、まだまだ日本茶の需要が伸びていたために、業界内での危機感は、今ほどなかったのです。さらに、社員からも、「座談会などやっているのであれば給料を高くしてほしい」と言われてしまいました。

大阪にいたころ橋本さんは、大学で国文科を出た経験を生かし「茶事記」という冊子で、お茶屋さんを取材して記事にまとめる仕事もしていました。しかし、取材したお茶屋さんのほとんどが「これからは高齢化社会だから日本茶は伸びる」といった意識を持っていたと言います。

こうした一方で、その裏で社宅の奥様たちが日本茶を飲まない現状があるというギャップの中で、橋本さんは、日本茶を何とかしなければいけないと使命感が芽生えました。

まだ会社に戻る前でしたが橋本さんは、会社の商品開発の会議へ出席し、議事録係を申し出ました。会議に出てみると、営業と工場との仲が悪かったり、会社の決まり事が守られてなかったりといった実態を知りました。

その後、橋本さんは、旦那さんの東京への転勤で、正式に会社に戻ることになり、五年間、取締役企画室長として働きました。そして二〇〇六年に社長になったのです。

主婦だった橋本さんは、従来の経営方針にとらわれずに、新しい目線で吉村の商品と向き合いました。そして主婦たちのクチコミの影響力をわかっていたため、彼女たちの声を反映した商品はヒットする可能性があると信じていました。

当時、吉村の商品開発は、お父さんが最終的に決めていました。例えば、橋本さんが、「春らしいからパッケージはピンクに金文字がいい」と言っても、お父さんは、「新茶は茶業界の新年だから文字の色は赤がいい」といった具合です。

最終的な意思決定は、社内で影響力がある人が行います。そこで、橋本さんは、事実を積み上げていくしかないと考えました。例えば、消費者座談会の場で「この商品のパッケージの文字は、どの色がいいのか？」を挙手で決めてもらい、その状況を写真撮影して、お父さんに見せて熱心に説得していったのです。

こうした試行錯誤を経て、橋本さんが提案した商品は徐々にヒットしていくようになりました。橋本さんは、この経験から伝える力の重要性を改めてかみしめたと言います。

制度ではなく人がファースト

橋本さんが、もう一つ着手したのが社員の子育ての制度です。

ある時、商品企画を担当していた女性社員が出産のため退職したいと申し出てきました。「職場に迷惑をかけるからやめる」というのです。橋本さんが「迷惑かけてもいいじゃない」と言うと、「橋本さんだって一〇年間も専業主婦だったじゃないですか」と言われてしまったそうです。

問題意識を持った橋本さんは、商工会議所と品川区が合同で開催していたワーク・ライフ・バランスの講演会に参加します。講師は、小室淑恵《こむろとしえ》さん（現株式会社ワーク・ライフ・

バランス代表取締役社長）と駒崎弘樹《こまざきひろき》さん（現NPO法人フローレンス代表理事）でした。そして、彼らからコンサルティングを受けることができました。その時の小室さんと駒崎さんからの指摘と提案は衝撃的だったといいます。

小室さんからは、社員の働き方ではなく、なんと橋本さん自身の働き方を指摘されてしまいます。「あなたが、悪いロールモデル（実例）になってしまっています。家に帰って、またすぐに会社に来てといったことをされているから、社員は、あなたみたいにできない……とみんな辞めてしまうのよ」

また、駒崎さんからは、女性が復帰していきいき働いているロールモデルをつくる提案がありました。こうした話を聞いて、橋本さんの中で「ワーク・ライフ・バランス」と女性の職場復帰への意識がより大きくなりました。

実践の機会はすぐに訪れます。結婚を機に退職した女性の元社員と出会ったのです。女性の話を聞くと、就職先を探しているとのこと。

「会社を辞めて今は収入がありません。そのため、ちょっとしたものを買うにも、旦那に気を遣わなければならないんです。だから、少しでも収入が欲しいんです」と言います。橋本さんにとっては、渡りに船でした。「他で働くなんて考えないで、早く戻っておいでよ」と説得し、女性社員の復帰第一号になりました。

さらに橋本さんは、働き方のヒントを得るために他にも数多くのセミナーに参加しました。その中で、自分がやりたかったことを発見することもできたといいます。

あるワークショップでは、一つのオレンジを複数の人に均等に分けるにはどうすればよいかについてディスカッションがありました。均等に切るといった当たり前のことではなく、違った視点でアイデアを出さなくてはなりません。

その中で橋本さんがハッとしたのは、オレンジの種を蒔《ま》いて、育って木になったオレンジを山分けしたいといったアイデアでした。

「そうだ！　私が吉村でやりたかったことは、限られたものを分けるのではなく、分けるものを多くして、山分けすることだ！」

社員の中には、経営者が最も収入を得ていると考えている人もいると感じていました。そこで、橋本さんは、会社の制度や働き方や利益分配などを検討する有志五人の社員によるオレンジ委員会（ＷＬＢ委員会）を立ち上げました。この委員会は、橋本さんはじめ経営側が関与せずに社員たちの自主性を尊重しました。

実際に吉村では、委員会発で、その年に出た経常利益の二五パーセントを期末賞与として社員に還元する制度もつくられました。

他にも、オレンジ委員会の発案で導入された女性社員の働き方に関する制度の一例をご紹介します。

■ＭＯ制度（ＭＯとは、「戻っておいで」頭文字。配偶者の転勤や介護等の理由で退職した社員が復帰できる仕組み）

■つわり休暇制度（診断書不要で、つわり中は期間を予告し休める）

■育児短時間勤務制度（末っ子が小学3年生まで使える）

■二時間有給制度（ちょっとした学校行事などに使える）

　こうした制度が、必ずしもすべてうまくいったわけではありません。例えば、育児短時間勤務制度は、短時間勤務の女性社員ばかりが増えて業務運営や引き継ぎが難しくなったこともありました。短い勤務時間ではどうしても補助的な仕事しか担当できないからです。

　一方で、この制度を導入したことで「自分はフルタイムで働きたい」といった女性社員が現れました。橋本さんは「男性の家庭進出と女性の社会進出はセット」ということにも気づかされたといいます。「子育てはママの仕事」という固定概念がありましたが、日没後は仕事ができない職種や、在宅で仕事をしている旦那さんもいます。育児中の女性社員＝短時間勤務だけがあるべき姿ではないとわかったのです。

　こうした取り組みを社報の「子育てママの奮戦記」で共有しました。すると、自閉症の子を持つ男性社員が、「子育てパパの奮戦記」も書きたいと、後に続くようになり、会社の空気が変わっていったのです。こうして試行錯誤はありましたが、橋本さんが社長就任後の一二年間、出産退職が一人も出なくなりました。

現在、中小企業の人手不足は深刻です。なかなか人が集まりません。しかし橋本さんは、面接に来た学生や中途採用希望者に、胸を張って力強く次のように伝えます。

「大企業は制度が整っている。わが社はそこまでの制度がないかもしれない。もし、今の制度であなたの家庭状況で立ち行かなかったら、新しい制度をつくるよ。大企業では、簡単に、一人ひとりに合わせて制度は変えられないけど、吉村ならできるよ」

まさに、経営の発想が、「制度ファーストではなく、人ファースト」なのです。

従業員の須永史子《すながふみこ》さんも、同社の「社員ファースト」の発想によって復職に成功した一人です。須永さんは二十八歳の時に第一子を妊娠、出産しました。しかし、仕事と育児の両立が不安だったことや急な休みを取らざるをえないことから周囲への迷惑を考えて一度は退職を決意しました。しかし、橋本さんと縁したことで復職します。それでも不安でいっぱいだった須永さんでしたが、自信の働き方にあわせた仕事から徐々に慣らしていき、心配があればすぐに相談できる環境に感銘を受けたといいます。

「漠然とした一般的な育児制度より『困った』に対応した吉村らしい『人ありき』の制度

を私の事情に合わせて後付けしてくれて、社員として大切にされていることを実感しました。長く働きたいと思う会社です」と須永さんは語ります。

短所やマイナスをひっくり返す力

橋本さんが、「日本でいちばん大切にしたい会社大賞中小企業基盤機構理事長賞」をはじめ、「ダイバーシティー一〇〇選」「羽ばたく中小企業三〇〇社」など数多く受賞するような経営改革ができた背景には、女性経営者として試行錯誤があります。その成功の理由を一つずつ見てみましょう。

独自のリーダーシップで勝負

先代の橋本さんのお父さんは、トップダウンの経営方針で、時には〝土下座してでも売ってこい〟というスタイルでした。しかし、橋本さんには「土下座して仮に売れたとしても、仕方がなく買ったら継続的に買ってくれない」という想いがありました。「これからは、モノが売れるのではなく人で買う時代。こういう人がつくったものなら買いたい」に変わってきていると感じていました。

そのため、お父さんとは違う独自のリーダーシップで勝負しようと考えたのです。そこで、まず自分を見つめ直すセミナーに参加しました。自己肯定感が高くなければリーダーシップが取れないといった内容で、長所と短所を書き出す実習がありました。すると、短所が真っ黒になってしまったと苦笑します。

数字に強くない。男ではない。気配りができない。自分の会社しか務めたことがない。大雑把。こうした短所を一つひとつ、ひっくり返していく実習をしました。

■専業主婦だったため、家庭を取り巻く環境や女性の気持ちがわかる。

■国文科なので、物事を筋道だってストーリーを描くのは強い。

こう見ると、短所は視点を変えると利点にもなること、無いものねだりではなくあるもので勝負していくことの重要性を理解したのです。

姓が〝橋本〟で気付いたこと

橋本さんは、幼い頃から吉村の娘として、取引先や周りから可愛がられていました。ところが、結婚して橋本の姓を名乗ってから取引先や周りからの反応が変わったそうです。

「株式会社吉村の橋本です」と電話を取ると、例えば、「すぐに品物を持ってこい」と理不尽に怒鳴《どな》られるなど、周りとの関係が吉村姓の時とは違うことにショックを受けました。経営者は資金繰りなどで厳しいけれど、最前線に立っている社員の厳しさも経験したのです。こうした経験から、社員に対するリスペクトが増していきました。

ピンクカラーから全員経営へ

橋本さんは東京都の会議にも出席しています。そこでは、女性の活躍が進まないことが話題になっていました。ある大学の先生が、「女性活躍といっても、実態はピンクカラージョブ（主に女性による補助的な仕事）のことだったんだよ。秘書や家事手伝いなど雇用主に言われたことをやることに慣れているので、課題発見力なんて醸成《じょうせい》されないんだよ」と言い放ったそうです。

橋本さんは、ピンクカラージョブという言葉への反発はあったものの、自社の状況を省《かえり》みると、たとえば営業所長は営業経験者の男性社員で、女性が多い職種の営業事務やデザイナーは同じ営業所内に所属していたため、その所長に評価、管理されていることに気付きました。その所長には事務やデザインの経験がないにもかかわらずです。

そこで営業事務もデザイナーも部として独立させ、それぞれ女性のリーダーをたてました。すると、自分達で課題を考えて、商品サービスも制度も改善していくように大きく変わったのです。

経営者からも報連相

報連相が大事と言われますが、橋本さんは、社員が経営者にだけでなく、経営者が社員にも報連相しなければならないと感じるようになりました。そこで、会社の財務状況や方向性などを壁新聞にして食堂に張り出し、経営計画にまとめました。

経営者が決めたことを社員に徹底するのは、「やらされている感」があり作業になってしまいます。経営者からも情報提供し、プランニングの段階で、社員にも共有するようしました。そうすることで作業ではなく「仕事」になっていったのです。

さらに、会議での発言は二〇秒以上してはダメといったルールも設定しました。二〇秒といった縛《しば》りがあると、職位に関係なく、意見がどんどん出てきます。意見交換が活発になれば、経営者と社員、社員同士の距離感も縮まります。

社員一人ひとりと向き合う

現在、吉村の社員数は二二七名です。橋本さんは、「約二〇〇名」とは絶対に言いません。さらに、社員全員の名前を書けるそうです。社員の親がどんな気持ちでこの名前を付けたのかを思うと意外と覚えられるといいます。

社員の誕生日には、おすすめの本のリストと図書カードを贈ります。その際、「あの時、こうしてくれたよね」といったことを三行程度の手書きのメッセージで添えます。

また、経営計画書には、会社や部署だけでなく、個人の目標を掲載するようにしています。個々の社員が、仕事に対してどういう目標を持っているかがわかるからです。

ここまでしても、最近、社員から「橋本さんは、現場のことを全くわかっていない」

と言われて落ち込むことがあったそうです。しかし、そうした場合も、「全く聞く耳を持たない人には言わないよね」と発想をひっくり返して頑張っています。

吉村は時代とともに、お父さんが創業時の紙業から食品包装資材メーカーへ、橋本さんが全員参画経営へと内外の転換を続けてきました。

今後の展開として、お茶だけでなく米や六次産業の商品（生産者である農漁業者が加工まで手がけた商品）をパックした「和食のプラットフォーム」のようなギフト商品も企画しています。さらに、二〇二〇年の東京オリンピックに向けて、世界からの観光客に向けた日本ならではのお土産品の開発も模索しています。

こうした新しい挑戦を社員とともに企画して提案できればと、橋本さんの女性社長としての夢は広がっています。まだまだ女性経営者が少ない現代。主婦というこれまでの生き方と経験を希望に変えた橋本さんと社員たちがいきいきと活躍する姿は、これからの企業のロールモデルの一つになっていくことでしょう。

Aランク＝80点以上　Bランク＝70~79点　Cランク＝50~69点　Dランク＝49点以下

指標項目	YES	NO
ワークライフバランス（男女問わず）		
㉖ 有給休暇以外で本人や家族等のメモリアル休暇制度等特別休暇制度がある		●
㉗ 月当たり残業時間は10時間以下である		●
㉘ リフレッシュ休暇等、連続5日以上の休暇制度がある	●	
社員の要望・意見・相談を聞く体制		
㉙ 会社が契約する専門家（例　カウンセラー等）を活用できる	●	
㉚ 要望・意見を気さくに聞いてくれる部署や担当者がいる	●	
㉛ キャリア面談が定期的にされて、本人の希望に沿う努力をしている	●	
㉜ 定期的に書面による社員満足度調査を実施している	●	
人を大切にする経営姿勢		
㉝ 業績重視ではなく、関係する人々の幸せを優先した経営である	●	
㉞ 経営はガラス張りであり、全社員に情報の共有化がなされている	●	
㉟ 賃金やボーナスは地域や業界の平均以上である　?		
㊱ 給与や昇給は極端な成果主義ではない	●	
㊲ 雇用形態を問わず働きたい社員は何歳でも働ける	●	
㊳ 66歳以上の継続勤務でも賃金は定年前の40%以上保証されている	●	
㊴ ダイバーシテイを積極的に推進している	●	
㊵ 本人の誕生日はもとより家族の誕生日に何らかのプレゼントをしている		●
㊶ 地域活動やボランティア活動を奨励している		●
㊷ 社員同士の飲み会等への金銭的な補助がある		●
㊸ 社員の子供や友人等が働いていたり、就社させたいといった希望がある	●	
㊹ 各種資格取得補助制度がある	●	
㊺ 借り上げ社宅制度、またはマイホーム購入支援制度がある		●
㊻ 人間ドックやインフルエンザ予防接種費用の補助している	●	
女性活躍推進取組みの成果		
㊼ 女性の転職的離職率は3%以下である	●	
㊽女性社員比率は30%以上である	●	
㊾ 女性の有給休暇取得率は70%以上である		●
㊿ 女性のロールモデルが会社内にいる	●	
合計	66	

吉村

女性の働きやすさ指標アンケート

2×50＝100点

指標項目	YES	NO
子育て・介護支援		
①企業内託児所、または会社が契約した企業外託児所がある		●
②育児や介護のための時間休暇や時間差出勤ができる	●	
③女性の育児休業取得比率は90%以上である	●	
④男性の育児休業所得者がいる		●
⑤介護休暇取得者比率は80%以上である	●	
⑥育児休業取得後の復帰率はほぼ100%である	●	
⑦小学校3年生までの育児短時間勤務ができる	●	
⑧子供の病気などの際、会社や職場に気兼ねしないで休むことができる	●	
⑨介護サービスの利用補助制度や保育料の補助がある		●
⑩ベビーシッター活用についての補助がある		●
社員の事情を踏まえた働き方の自由度		
⑪在宅勤務またはサテライトオフィスで仕事ができる	●	
⑫正社員・非正社員など自分の希望で雇用形態を選択できる	●	
⑬家族にケアーが必要な人がいる場合の働き方に配慮している	●	
男女平等についての取組み		
⑭経営者の親族以外の女性管理職（課長級以上）がいる	●	
⑮全管理職に占める女性管理職の割合は30%以上である	●	
⑯賃金面や雇用面の男女の違いはない	●	
⑰男女問わず平等に研修のチャンスがある	●	
⑱女性だけにお茶出しや清掃の強要はない	●	
⑲本人の意思に反して（本人が短時間勤務を望む場合等）、女性が産休復帰後、キャリアアップが望めない仕事に変わることはない	●	
女性の特性を踏まえた環境整備		
⑳女性の育児や介護休暇取得時にも何等か（給与・保険等）報酬が得られるように配慮されている	●	
㉑ 女性社員の残業や会議などの際、家庭の事情の欠席がゆるされる	●	
㉒ 職場内に女性専用の化粧室・洗面台がある	●	
㉓ 生理休暇（法律で定められている）が取得しやすい環境である		●
社員の働く環境		
㉔ 社員食堂や休憩室は快適である	●	
㉕ 温水便座のトイレがある	●	

株式会社

山崎製作所

女性の感性で板金業界に新しい息吹を巻き起こす。

製造業の町で生まれた企業

次に、静岡県静岡市清水区（旧静岡県清水市）に本社を構える、精密板金・板金加工を行なう株式会社山崎製作所を取り上げます。

同社は一九六七年に、現社長の山崎かおりさんの父が創業しました。創業した静岡県は自動車産業などが盛んなことで知られ、清水区にはそれらの産業の下請け企業が多く、もともと多くの板金業が存在していました。

創業者は、どちらかといえば、経営者というよりも、根っからの板金職人といったタイプの人物だったこともあって、下請企業として長年事業を続けてきました。

しかし、そんな同社に大きな激震が走りました。二〇〇八年に起きたリーマンショックの影響で下請仕事が激減し、経営不振に陥りました。そのことで、先代は廃業を決意した程でした。

山崎さんは、もともと他企業でＯＬとして就業後、一九九一年からパートとして同社に入社し、母親の経理業務の手伝いとして働いていました。同年、長女を出産。子どもを連れながら仕事を続けました。仕事を続けていたとはいえ、子育てを中心に休みをもらいながら、親に甘えながらの仕事でした。

その後、先代の後継者として二人の人物が候補には上がりましたが、なかなか継がせることができず、そうこうしているうちに、二人とも会社を去っていってしまいました。二〇〇四年以降は、経営陣は先代と山崎さんだけになりました。先代は持病があり、週に一、二度しか会社に出てこられなくなり、経営に対しても消極的になってしまっていました。

そんな状況下、会社のお金は山崎さんが守り、製造は工場長が守りながら、何とか事業を継続させていきました。しかし上述したように、二〇〇八年に起きたリーマンショックの影響で、ついに先代は廃業を決意しました。

先代は、娘が継ぐということは全く頭になかったそうで、最初こそ先代も山崎さんが会社を継ぐことを喜んでいましたが、その後「女にできるわけがない」と態度を急変させていきました。山崎さんは「自分が継ぐと言ってあげているのになんでよ！」と反発しました。

山崎さんの社長就任の数年前、同社の八〇パーセントの売上を占めていた大口のお客様の企業も倒産し、両親が営業に駆けずり回っている状況を近くでずっと見ていました。山崎さんも、小さい頃から下請企業の悲哀を見続けてきたこともあって、自営業だけは絶対にやらないようにしようと思っていました。

しかし、これまで働いてくれた社員の雇用と生活は守らなければと、気持ちを入れ替え、先代の気持ちも汲みとりながら説得を続け、二〇〇九年に事業承継をして、経営を立て直すことを決意し、同社の危機を救うべく奮闘が始まりました。

現場と人を知る

山崎さんは、できること、考えられることを次々に取り組んでいきました。現場経験がなかったため、まずは板金の仕事を一から学ぶことから始めました。当初は、板金職人たちは職人気質が強く、コミュニケーションをとったり、人に教えることが苦手な人がほとんどだったそうです。しかし何度も、笑われてもあきらめずに質問して教えてもらいながら、板金の「いろは」を学んでいきました。

現場について学ぶと同時に、経営者として経営の勉強も始めていきました。まずは経営者が多く集まる団体の勉強会に参加をしていきました。参加する中でわかったことは、ヒト・モノ・カネの経営資源に乏《とぼ》しい中小企業は、社員を巻き込んだ全員参加の経営を目指し、コミュニケーションをよくしないとやっていけないということでした。

そこで山崎さんは、全員が一つになるために、経営理念の策定を進めていきました。従業員の声を集め、それを経営理念にするために、一年間をかけてじっくり全員と話し合いました。その理念を全文記載します。

一、山崎の品質
私たちは、伝統の技術と新しい力を融合し、お客様のニーズに応えられる唯一無二の板金屋を目指します。

一、山崎のプライド
私たちは、プロ意識を持ち、できない理由より、できる方法を考え、改善・改革を追及します。

一、山崎の絆
私たちは、縁深き仲間と共に、お互いを認め、助け合い、豊かな未来へと進んでいきます。


理念を策定できたことで、全員が一つになり、助け合いながら進んでいけると確信した山崎さんは、それをより強固なものにするために、理念に共感できる人を採用し、育成していくことに注力していきます。

同社のこれまでの採用はというと、縁故採用や中途採用が中心で、また採用方針も特に決めずに採用していく形式だったため、年によって人数も才能も性格もバラつきが多く、また「山崎だから来た」というわけではない人材ばかりであったため、当然、社員全員が一つにまとまることなど夢のような話でしかありませんでした。

そこで、これまでの採用方針を見直すべく安定的な採用と長期的な育成を進めることにしました。そのために、まず同社を知ってもらうために、自社の活動をブログやSNSで発信していきました。

それと同時に、若い女性社員の採用にも取り組んでいきました。一般的に、板金業は男性社会と言われることも多いですが、山崎さんは自身が女性社長になったこともあって、これからの新しい事業を模索するために、女性の目線・感覚が求められると考えました。その結果、現在では社員二五名中六名が女性で、しかも二十代・三十代の若い女性が集まりました。

自社商品を作りたい

新事業を模索する中で、山崎さんはまず現在の事業の見直しを進めていきました。これまでのように同業他社と仕事を取り合っているだけでは価格競争に陥《おちい》るだけで、会社も社員も幸せにはならないと気付いていたのです。「山崎にしかできない価値」を生み出さなければ、今後、勝ち残ることはできないという結論になりました。

実際、社員からも話を聞いてみると、「自分たちはお客様の奴隷《どれい》だ」「板金屋に勤めているなんて恥かしくて言えない」という社員もいて、一人ひとりが、自分たちの仕事を卑下《ひげ》していました。

同社は、これまで下請けとして、たとえば「自動車のエンジンの部品を作る機械」の部品といった普段私たちの目に触れることのない工作機械の部品を作っていました。どれも欠かすことのできないものばかりでしたが、決して目立つことのない仕事でした。しかも、納入先で生産された機械を目にすることもほとんどなく、自分たちの作った部品がどのように使われているのかを知ることもないため、働くモチベーションは上がらずに、自分たちの仕事が必要とされていると従業員に思ってもらうことは難しかったといいます。

社員に誇りを持ってもらいたい。そのためには、自社のオリジナル商品を作らなければならない。製品の一部である部品だけでなく、そのものが市場に出る「最終商品」を作っていこうと決めました。そのことで、自分たちが作った商品が目に見えるようになることで、自分たちの仕事に誇りを持てるようにもなると考えました。そして山崎さんは、社員の誇りを取り戻すために、下請け特有の受注の量や社会の景気に左右される企業体質からの脱却を目指し、競合他社からの技術革新の遅れを取り戻すことを目標に掲げました。

そのために、社員全員参加型の「円の組織」作りを進め、板金技術を知らない人でも分かりやすく理解するための情報を発信し、熟練の技術を後輩たちに伝えることによってそれを新しい目線で開花させるなど、「やりがいと夢のある仕事を創る」をキーワードに掲げて改革に取り組んでいきました。

まずは、これまでの下請体質からの脱却です。大手から受注したものの大量生産ではなく、競合がやらない・真似をするのも嫌がるようなものに特化していこうという方向性は決まりました。

しかし、これまでは指示通りに作ることだけを考え、自分たちが考える必要もなかったこともあって、そこで思考回路は停止してしまいました。そもそも自分たちが目指す市場が何なのかわかりません。仮にわかったとしても、どう市場調査をすればよいかも分からない状態で、自分たちの技術でできるものでどんなものが社会で求められているのか、とにかく情報を集めようとホームセンターやスーパーなどを歩き回ったり、ネットを検索することから始めていきました。

女性の視点を取り入れる

新商品開発を進める中で、山崎さんの娘さんが入社することになりました。山崎さんはもともと入社させることを考えておらず、娘さんも専門学校を辞めた後は派遣として働いていましたが、ある時、「お母さんの会社で頑張っていきたい」「どうしてもやりたい」と頭を下げて頼んできました。

山崎さんは、「板金加工業」で女性が働くことの厳しさを味わってきたので、「そんなに甘い世界ではない。本気なら、板金の勉強をしてみたらどうか？　その上でやる気がうせなければ考える」と提案し、娘さんを一カ月間、板金技術の専門学校で泊まり込みで学ばせました。一カ月後、娘さんの決意は変わらず、工場長に頼んで一緒に働くことになります。娘さんは、もともとデザインやインテリアが大好きだったこともあって、「板金でああいうものが作れないか」「こうしたものが作れないか」と考え、様々なアイデアを提案してくれました。そうした姿を見て、山崎さんも「板金に女性の視点を取り入れたらおもしろいかもしれない」と考えるようになっていきました。

ちなみに娘さんは現在、板金技能士の資格も所有しており、デザインにも精通しているということで、社内では板金デザイナーと呼ばれているそうです。

女性の視点を取り入れるというアイデアを、さらに後押ししたのは、同社の精密な板金加工品を見た方に「まるで金属の折り紙のようだ」と言われたことでした。

新たに入社してきた若い女性社員たちと積極的にアイデアを出し合い、社内で企画・デザイン・製作・販売まで行う自社プロダクトを行いました。そして、女性チームが板金職人の力を引き出すという新しいスタイルを確立していったのです。そして、「町工場から世界へ発信する」ことを目的として、二〇一五年一月に自社ブランド「三代目板金屋」を立ち上げました。

ちなみに、名前の由来は、山崎さんが三代目の社長ということではなく、二代目の山崎さんの世代が次世代に板金技術を繋いでいくという決意表明が込められています。

まずは、インテリアから手掛けていきました。ステンレス製の板を高度な技術でダイヤモンドのようなデザインと光沢に仕上げたテーブルを作成しました。「メタルインテリア ORIGAMI」と名付けられたこの商品は、女性の目線だからこそできた金属特有のクールさが前面に押し出されたデザインになりました。

続いて作った商品が、同社の自社ブランド開発を決定づけます。「ヘアジュエリー KANZASHI」と名付けられた簪《かんざし》です。いろいろとアイデアだしをする中で、「ヘアーアクセサリーを作りたい」という声が上がりました。昔から、鎧《よろい》や刀の房など金属を加工する職人だけでなく、簪職人も存在していました。江戸時代には、駿河にそうした職人たちが集まっていた歴史もあります。当時と使う道具は違ってはいますが、熱と圧力によって作るという板金の作り方自体は大きく変わりません。現代の技術で作ってみたらおもしろいかもしれないと直感しました。

古くから日本人の女性に使われてきた簪ですが、現在ではそのほとんどが木やプラスチックの海外製品になっていました。そんな中、同社はメイドインジャパンの品質、板金あだからこその耐久性をプラスした簪を作っていくことで、「かんざし文化」を現代の女性たちに広げていきたいと考えました。

この企画・開発・デザインも、女性社員のみで行われました。見た目の細やかさはもちろんのこと、付け心地や簡単につけられるようカーブの角度や先端の丸さなどの機能性にも幾度《いくど》となく研究を重ねていきました。またステンレスの板からつくられているにもかかわらず、軽いものは一五グラム、一番重いものでも三〇グラムくらいの軽さを実現させました。まさに女性だからこそ考えられた要素が満載のものになりました。

完成した簪は、現在五〇種類以上のラインナップになりました。価格は一本一万二〇〇〇円〜一万五〇〇〇円ほどです。高いと思われるかもしれませんが、丁寧に丹精《たんせい》込めた商品は、ホームページや展示会を通じて、その価値が高く評価され、都内大手百貨店や海外へと、販路を次々に開拓しています。

モノづくりの現場に女性を増やすために

女性社員とともに、モノづくりを進めてきた山崎さん。同社に入社する女性社員を見ると、モノづくりをやってみたいと思っている女性は増えているように感じています。ただ、モノづくりの現場で女性活躍・活用がまだまだ進んでいないのは、女性を受け入れる環境が整っていない現実があるからだと思います。現場の機械や工具は、男性が使うことを念頭におかれ、また女性社員がいるにもかかわらず、工場内に女性用トイレがない企業が多いのも現実です。

女性には、機械や工具を動かしたり、持ち運んだりするには重たかったり、女性の身長では届かない場所に工具置場が設けられていたりするなどの問題もあって、せっかくのチャンスを失っていると感じています。

例えば、重いものを持たないですむような設備を購入したり、工具置場の高さも低めに設定し直すなど、ハード・ソフトの面から様々な配慮してあげることが重要です。そして、こうしたことは男性だけでは正直、気付かない点だと山崎さんはいいます。

これからは、モノづくりの現場でも女性が活躍することが珍しくなくなるはずです。そのために、女性の声を反映して、環境を変えて働きやすい職場を実現することが求められていると思います。

女性社長の思い切った改革により、躍進を遂げた山崎製作所。板金業は男性社会という意識がまだまだ根強い中で、山崎さんが進めた取り組みは、今後の我が国のモノづくりを維持・拡大していくための多くのヒントになることは間違いないと思います。

Aランク＝80点以上　Bランク＝70~79点　Cランク＝50~69点　Dランク＝49点以下

指標項目	YES	NO
ワークライフバランス（男女問わず）		
㉖有給休暇以外で本人や家族等のメモリアル休暇制度等特別休暇制度がある		●
㉗月当たり残業時間は10時間以下である		●
㉘リフレッシュ休暇等、連続5日以上の休暇制度がある		●
社員の要望・意見・相談を聞く体制		
㉙会社が契約する専門家（例　カウンセラー等）を活用できる	●	
㉚要望・意見を気さくに聞いてくれる部署や担当者がいる	●	
㉛キャリア面談が定期的にされて、本人の希望に沿う努力をしている	●	
㉜定期的に書面による社員満足度調査を実施している		●
人を大切にする経営姿勢		
㉝業績重視ではなく、関係する人々の幸せを優先した経営である	●	
㉞経営はガラス張りであり、全社員に情報の共有化がなされている	●	
㉟賃金やボーナスは地域や業界の平均以上である		●
㊱給与や昇給は極端な成果主義ではない	●	
㊲雇用形態を問わず働きたい社員は何歳でも働ける	●	
㊳66歳以上の継続勤務でも賃金は定年前の40%以上保証されている	●	
㊴ダイバーシテイを積極的に推進している	●	
㊵本人の誕生日はもとより家族の誕生日に何らかのプレゼントをしている		●
㊶地域活動やボランティア活動を奨励している	●	
㊷社員同士の飲み会等への金銭的な補助がある	●	
㊸社員の子供や友人等が働いていたり、就社させたいといった希望がある	●	
㊹各種資格取得補助制度がある	●	
㊺借り上げ社宅制度、またはマイホーム購入支援制度がある	●	
㊻人間ドックやインフルエンザ予防接種費用の補助している		●
女性活躍推進取組みの成果		
㊼女性の転職的離職率は3%以下である	●	
㊽女性社員比率は30%以上である		●
㊾女性の有給休暇取得率は70%以上である		●
㊿女性のロールモデルが会社内にいる	●	
合計	58	

山崎製作所

女性の働きやすさ指標アンケート

2×50＝100点

指標項目	YES	NO
子育て･介護支援		
①企業内託児所、または会社が契約した企業外託児所がある		●
②育児や介護のための時間休暇や時間差出勤ができる	●	
③女性の育児休業取得比率は90%以上である	—	—
④男性の育児休業所得者がいる		●
⑤介護休暇取得者比率は80%以上である		●
⑥育児休業取得後の復帰率はほぼ100%である	—	—
⑦小学校3年生までの育児短時間勤務ができる	—	—
⑧子供の病気などの際、会社や職場に気兼ねしないで休むことができる	●	
⑨介護サービスの利用補助制度や保育料の補助がある		●
⑩ベビーシッター活用についての補助がある		●
社員の事情を踏まえた働き方の自由度		
⑪在宅勤務またはサテライトオフィスで仕事ができる	●	
⑫正社員･非正社員など自分の希望で雇用形態を選択できる	●	
⑬家族にケアーが必要な人がいる場合の働き方に配慮している	●	
男女平等についての取組み		
⑭経営者の親族以外の女性管理職（課長級以上）がいる		●
⑮全管理職に占める女性管理職の割合は30%以上である		●
⑯賃金面や雇用面の男女の違いはない	●	
⑰男女問わず平等に研修のチャンスがある	●	
⑱女性だけにお茶出しや清掃の強要はない	●	
⑲本人の意思に反して（本人が短時間勤務を望む場合等）、女性が産休復帰後、キャリアアップが望めない仕事に変わることはない	●	
女性の特性を踏まえた環境整備		
⑳女性の育児や介護休暇取得時にも何等か（給与･保険等）報酬が得られるように配慮されている	—	—
㉑ 女性社員の残業や会議などの際、家庭の事情の欠席がゆるされる	●	
㉒ 職場内に女性専用の化粧室･洗面台がある	●	
㉓ 生理休暇（法律で定められている）が取得しやすい環境である	●	
社員の働く環境		
㉔ 社員食堂や休憩室は快適である		●
㉕ 温水便座のトイレがある	●	

株式会社

ファースト・コラボレーション

女性社員のライフステージを踏まえた不動産仲介会社。

協力し合いながら成果を上げる

全国展開している不動産仲介会社・株式会社エイブルは、毎年フランチャイズ加盟店三七〇店を対象に、顧客満足度調査を実施しています。そして、全店舗と店舗で働く全スタッフを対象に、店舗、個人それぞれに顧客満足度日本一を表彰しています。二〇〇六年から一〇年以上にわたり、日本一または二位といったトップクラスで表彰される常連が、株式会社ファースト・コラボレーションです。

ちなみに、同社では、女性の管理者比率は五〇パーセント以上であり、全国一位として表彰された社員は全員女性です。

エイブルの賞以外にも、経済産業省「おもてなし経営企業」に選出され、「働く幸せ」部門では第一位に入賞しています。さらに地元高知市の「高知市男女共同参画推進企業」、第一回「四国でいちばん大切にしたい会社大賞奨励賞」、第五回「日本でいちばん大切にしたい会社大賞審査員特別賞」のほか数多くの賞に輝いています。同社は、高知県に五店舗展開する正社員三九名の不動産仲介・管理会社で、朝早く取材で訪問すると「おはようございます」と全員が立ち上がって元気に挨拶され、社員の方の熱気が伝わってきます。

社長の武樋泰臣《たけひたいしん》さんは十八歳の時、家庭の事情で大学進学をあきらめて、できるだけ安定しているところで働いてほしいというご両親の気持ちに応えるように、広島県呉《くれ》市の海上自衛隊に勤めることになります。しかし、自衛隊での生活は、分単位で行動が決められるような規律が厳しいところでした。さらに、ある程度の期間勤めると、階級が上がり、要職に登用されるため規律はますます厳しくなります。そこで、もう少し自由に自分の人生を選択できる場を求めて二年で自衛隊を離隊しました。

しかし、喜んで送り出してくれたご両親に退職したことを言えずに、地元高知には戻らないで兵庫県に行きます。わずかな貯金でホテル住まいをしながら、職探しをして、安定とは真逆のフルコミッション（完全歩合制）の教材販売の会社に勤めます。一軒一軒家庭訪問をしながら教材を販売する仕事を一年半続けました。

その後、大阪新地のクラブの店長、ビラ配り、泥んこレスリングのレフリーと約一〇余りの職業を転々とします。そして、二十五歳の時に武樋さんは七年ぶりに生まれ故郷の高知に戻ることになります。お母さんが、武樋さんのことを心配したことに加えて、実家の弁当屋の仕事が忙しくなったことから呼び戻されたのです。

弁当屋は長時間労働で身体的には大変でした。そこで両親とも相談して弁当屋を売却して食堂経営を始める傍《かたわ》ら、友人のスナックを手伝うようになります。

そのスナックは、スタッフ同士の仲がよく、お客様との距離も近い高知でも一番といわれる繁盛店でした。スタッフ同士の空気感がお客様に伝わり、来店頻度が増えたり友達を連れてきたりといった好循環になっていました。

武樋さんと不動産業界との出会いは、二十八歳の結婚を機に不動産会社に勤めたことがきっかけです。不動産会社の仕事はやりがいがあると同時に、一方で歩合制であったために、同じ会社の社員といっても個人事業主の集まりのようなもので社員同士の競争は激しく、足の引っ張り合いで会社の雰囲気はギスギスしていました。結局、勤めていた会社は倒産してしまい、その後、先輩が一人でやっていたフルコミッションの不動産会社で働くことになります。

その後、四十歳の時に、赤字の賃貸部門の店舗を引き取り、さらに別の人から一店舗を引き継いで、合計二店舗で自らの不動産事業を始めました。しかし、賃貸だけでは収益が低く、従業員に給料を払うこともままならない状況が続き、出資者から資金を募って賃貸以外の部門も手がけるようになります。そして、出資者に利益の一部を渡す交渉をしました。しかし、この時に出資してもらったことが、その後の企業経営を大きく苦しめることになります。売上利益とリターンを要求する出資者と武樋さんとの考え方には大きな溝《みぞ》があったのです。

なぜならば、武樋さんには「社員を幸せにしたい」という目標があったからです。スナックで協力し合う従業員と、不動産会社で足を引っ張り合う従業員と一緒に働いた経験は今の経営に大きく影響しています。歩合が当たり前の不動産業界においても、互いに仲良く協力し合いながら成果を上げるような会社にしたいと考えていました。

そのために中小企業家同友会の集まりに参加して、経営理念の重要性を学び、実際に経営理念の作成に取り掛かりました。様々な生い立ちや価値観を持っている社員たちのベクトルを合わせなければ、協力し合いながら成果を上げる会社をつくるのは難しいと感じ、社員全員で八カ月間かけて経営理念を制定しました。

その理念が、間違いなく今の同社の経営の基盤になっていきます。しかし、経営理念は抽象度が高いために、個人によって解釈は異なります。そこで、第一に実際の行動に焦点を当てて制定しました。その一部をご紹介します。

一人ひとりの顔が見える会社に

社長が主役なのではなく、スタッフ全員一人ひとりがこの会社の主役であり、会社の顔（看板）である。そして、主役として行動・発言をする。

どう来てもらうかより、どう帰ってもらうか

来店してもらうことよりも、次につながる帰り方をしていただくかを考える。帰り道に「いい店だったね」と話していただけるように。

おもてなし経営

自分の担当以外の顧客についても、担当者が不在時には担当者になりかわって、迅速・丁寧な対応をする。誰に聞いてもわかる店舗を目指す（情報共有できている会社は担当者だけでなく会社全体に安心・信頼感をもたらす）。業務の連携を意識し、後工程に配慮した処理・対応をし、催促されるような迷惑はかけない（社内おもてなし）。

組織をつくるに当たっては、役職の必要性を求める意見もありましたが、同社では基本的には社員の関係はフラットにしています。海上自衛隊での勤務の経験から、ピラミッド組織は、上からの指示命令に従うことが前提となり、全員が主役としてお客様に接客する会社にはそぐわないと考えたからです。

生きがいを実現する「働くママさん計画」

今でこそ同社は、女性活躍企業としてメディアにも取り上げられ、様々な賞を受賞するようになりましたが、起業当初から女性活躍を目指していたわけではありません。意識するようになったのは、仕事の中心的な存在だった女性社員が、結婚、妊娠に直面したころです。

それまでにも女性社員が結婚して、妊娠することもありました。そうした女性たちは、妊娠初期のつわりがひどく、一週間に三、四日休むことがありました。しかし、男性の武樋さんにはその辛さを理解できずに彼女たちに共感することができませんでした。十分な対応ができず、親身になってあげられなかったために、女性社員は休みがちになり、最終的には会社に迷惑をかけては申し訳ないといった理由で辞めていきました。

創業した二〇〇二年から二〇〇五年までに、同じようなことが三度もありました。辞めていく社員に対して申し訳ないという思いはありましたが、つなぎとめる条件まで提示することはできませんでした。

しかし、先に述べた仕事の中核を担う社員の一人、別役《べっちゃく》さんが妊娠すると状況は大きく変わります。別役さんでしかわからない仕事もあり、彼女がいなくなってしまうと大きな痛手になります。その時から武樋さんは女性の支援に真剣に取り組むことになります。

一方の別役さんも、自分が妊娠で職場を離れても後輩が判断できるようにと自分の仕事のマニュアルを作成してくれました。また、定期検診などで会社を抜けなければならない時は、他の社員と頻繁に話をしてくれ、不安を埋めていきました。別役さんは、産休に入っても、時々店に顔を出してくれました。

その時の心境を別役さんは、次のように語ってくれました。

「仕事が回るのかと心配な部分もありましたが、一方、自分が職場で忘れられたら寂しいといった面もありました。当時、居場所が会社にあって、家に用事ができたといった感じでした。妊娠で会社を離れたからといって、仕事は関係ない、知らないとはいきません。なかには、別に考える人もいるかもしれませんが、私は、出産後、会社に戻りたいといった気持ちがあったので、いつも気になっていました」

出産した後も働きたいという気持ちが強かった別役さんでしたが、子育てと両立させることは簡単ではありません。

日本の保育園では〇～一歳の子ども三人に対して一人の保育士を付けなければならず人手不足が深刻化していました。高知県でも保育士が不足しています。もし保育園にも入れず、ご両親や家族に子どもの世話を任せられない場合、別の手を考えなければならないのです。

武樋さんと別役さんは会社の仕事を引き継ぐ過程で、どのようにしたら仕事と家庭を両立させられるかを一緒に考えて、社員の出産時に仕事を回すノウハウを蓄積していきました。

そうして臨んだ初めての出産でしたが、やはり初めてであったがために用意したマニュアルも実際の場面では完璧ではありませんでした。しかし、完璧でなかったことが幸いしたのです。

別役さんが職場を離れる——。この事実に、焦った後輩たちが仲間の社員の出産を自分のこととして捉えて主体的になり、仕事を学んでいったのです。後輩が育っていく姿を見て、別役さんは「出産もいいな〜」と感じたと言います。

出産は、妊娠期間や予定日が概《おおむ》ねわかっているので計画的に行動できます。しかし、出産で職場を離れる社員も他の社員に助けてもらうことになって後ろめたさを感じるようになります。他方で、自分が職場を離れても仕事が回っていることを寂しいと思うようになります。女性が出産後に離職してしまう要因の一つです。

別役さんは、自分の仕事を後輩ができるようになったことで逆に自分を奮い立たせました。つまり、自分が復帰した際、新しい仕事を自分で開拓しなければならないと決意し、それからの仕事に工夫も生まれました。

こうしたことを経て、二〇〇六年に以下のような「働くママさん計画」が作成されました。

勤務時間、勤務日、勤務日数は本人の自由

自由だからこそ、自由になり過ぎてはいけないというセーブがかかる。お客様に迷惑をかけないように、話し合いをしている。

勤務店舗は自宅、実家、保育所の場所などにより相談のうえ決定

有休を使わなくても、仕事ができるようになった。

店内に授乳コーナーを設置

子どもを職場に連れてきて、授乳の時間は、授乳コーナーに入り、「授乳中」の張り紙を貼っている。

残業、会議免除

会議は大事なので、女性社員の都合で設定。女性社員が出社できる時間に合わせて実施している。

親子出社ＯＫ

家や保育所で子どもの面倒を見られない場合、親子で出社する。

子守りの依頼ＯＫ

お客様との契約などの対応がある場合は、他の社員に子守りを依頼する。

お昼寝奨励

赤ちゃんの夜泣きで寝不足になる社員のことを考えて、お昼寝時間を設定する。

外出、早退、欠勤の自由（病院、お迎え、買い物など）**・子ども優先**

歯医者の予約等は調整できても、子どもに関することは調整できないことが多い。急な発熱で呼び出しがかかる。コントロールできないところに、会社都合で枠をはめてしまうと苦しくなる。

休業中も会社の情報共有が可能

出産・子育てで休業し、職場に戻った時、浦島太郎にならないように、会社の出来事を情報共有する。

つまり、お互いの工夫の中で、出産、子育てのために、自由度が高い働き方でも、仕事が回る仕組みが完成していったのです。

ちなみに同社には、「出産スケジュール表」があります。今、勤務している妊娠中やこれから子どもをつくろうと思っている女性社員の予定を時系列的に管理するもので、今後の五年間程度の予定が出店計画など会社の計画と共に記載されています。そして、出産が重なるような年は、多めに新規社員を採用するといった計画になっているのです。

会社と社員と地域とお客様の関係

中途入社の片岡直子《かたおかなおこ》さんは、同社と前の職場との比較について話してくれました。二十六歳で入社するまでは、淡々と刺激のない毎日を過ごしていたそうです。居酒屋で働いていたこともあったそうですが、人として扱われていないと感じていました。一人の人間として扱われるのではなく、日々の売り上げや利益、働く時間しか要求されていませんでした。経営者がどんな人なのかもあまり知りませんでした。また残業代がつかない状況で、病院に行きたくても給料が安いのでなかなか行けないといったこともあったそうです。

いよいよ身体的にもきつくなり辞めようとした際、経営者から「女性は、二十八歳まで。結婚や出産があるから若い時しか、価値がない。転職しても条件のいいところへは行けない……」と言われたそうです。

アルバイトではないにもかかわらず時給制で、この日は何時から何時までと時間の切り売り的な働き方をしてきました。仲間やお客様とのプロセスや人生観を共にしたことがありませんでした。当時は、バブルが崩壊した後の就職氷河期で、そういう仕事しかなかったといいます。

一方、現在のファースト・コラボレーションの仕事も決して楽ではありません。しかし片岡さんは、「大変なことが楽しい」と言います。

「一年間にいろいろ変化があって、汗にも涙にもストーリーがあります。出産・子育てで、職場を離れる人も残って働く人もそれぞれに、葛藤《かっとう》もあるし自分との戦いもあります。その分、自分が周りを支えてきたし、支えてもらっているといった思いがあるんです」

会社では業績や目標も必要です。業務の柱と人間関係を円滑《えんかつ》にする柱の二本の軸がありますが、人として扱われ、さらに頼りにされることが、「大変なことが楽しい」といった発言につながっているのでしょう。

同社では、お客様との関係も大切にしています。不動産仲介会社の社員と来店客、あるいはオーナーといった関係を超えています。お互いの人生ドラマを共有して、お客様と「もう子どもが小学校に上がるの」といった日常会話が当たり前に交わされます。お客様から結婚や出産などの際にお祝いをいただくことも珍しくありません。

街でバッタリ会えば、「あなた、ちょっとふっくらしたんじゃないの」と、お客様のほうから女性社員に気軽に声が掛かります。女性社員に子育ての悩みがあると、子育て経験が豊富なお客様に教えてもらいます。

まさに、お客様も地域住民も一緒の仲間になったコミュニケーションがあります。お客様とは不動産仲介のスキルだけの貢献ではなく、心理的な深いところでつながっていて、まるで身内のようです。

昭和の時代、近所でお米や醤油《しょうゆ》を貸し借りしたり、子どもを預かってもらったりといったことがありましたが、まさに地域で助け合っている光景が、同社とお客様の間にあるのです。お客様は、出産、子育てに共感できる人生の先輩として、同社の女性社員を支えています。

武樋さんは、もちろん個人差はありますが、比較的に女性はお客様と心の深いところでつながることやコミュニケーションは女性のほうが長《た》けており、男性は論理的に進めたりスピーディーに仕上げることが向いていると言います。不動産業界は元々男性が多い職場でしたが、同社では、まさに女性の強みが活かされ、着実に成長しているのです。

ファースト・コラボレーションの取り組みを他の会社と比較して見てみると、「会社を中心に考えるか、人を中心に考えるか」のどちらかといった二者択一ではなく、どちらにウェイトを置くべきかを考えさせられます。そして、それぞれのバランスが大切なことに気づかされます。

片岡さんの前職のように会社中心に考えるから、モノ扱いされていると社員が感じるような管理が行われるのでしょう。会社は、本来、関係者が幸せになる場所であると考えると、会社中心といったことは明らかにおかしいとわかります。

また「家庭の自分と仕事をしている自分と、二つの人生を生きる中に幸福感がある」と、別役さんと片岡さんから言われたことが印象的でした。二つの人生において幸せを感じられるように、会社も社員も知恵を出す。その知恵の結晶がファースト・コラボレーションにあると感じました。

Aランク＝80点以上　Bランク＝70~79点　Cランク＝50~69点　Dランク＝49点以下

指標項目	YES	NO
ワークライフバランス（男女問わず）		
㉖ 有給休暇以外で本人や家族等のメモリアル休暇制度等特別休暇制度がある	●	
㉗ 月当たり残業時間は10時間以下である	●	
㉘ リフレッシュ休暇等、連続5日以上の休暇制度がある		●
社員の要望・意見・相談を聞く体制		
㉙ 会社が契約する専門家（例　カウンセラー等）を活用できる	●	
㉚ 要望・意見を気さくに聞いてくれる部署や担当者がいる	●	
㉛ キャリア面談が定期的にされて、本人の希望に沿う努力をしている	●	
㉜ 定期的に書面による社員満足度調査を実施している	●	
人を大切にする経営姿勢		
㉝ 業績重視ではなく、関係する人々の幸せを優先した経営である	●	
㉞ 経営はガラス張りであり、全社員に情報の共有化がなされている	●	
㉟ 賃金やボーナスは地域や業界の平均以上である		●
㊱ 給与や昇給は極端な成果主義ではない	●	
㊲ 雇用形態を問わず働きたい社員は何歳でも働ける	●	
㊳ 66歳以上の継続勤務でも賃金は定年前の40%以上保証されている		●
㊴ ダイバーシテイを積極的に推進している	●	
㊵ 本人の誕生日はもとより家族の誕生日に何らかのプレゼントをしている		●
㊶ 地域活動やボランティア活動を奨励している	●	
㊷ 社員同士の飲み会等への金銭的な補助がある	●	
㊸ 社員の子供や友人等が働いていたり、就社させたいといった希望がある	●	
㊹ 各種資格取得補助制度がある	●	
㊺ 借り上げ社宅制度、またはマイホーム購入支援制度がある	●	
㊻ 人間ドックやインフルエンザ予防接種費用の補助している	●	
女性活躍推進取組みの成果		
㊼ 女性の転職的離職率は3%以下である	●	
㊽女性社員比率は30%以上である	●	
㊾ 女性の有給休暇取得率は70%以上である		●
㊿ 女性のロールモデルが会社内にいる	●	
合計	84	

ファースト・コラボレーション

女性の働きやすさ指標アンケート

2×50＝100点

指標項目	YES	NO
子育て・介護支援		
①企業内託児所、または会社が契約した企業外託児所がある	●	
②育児や介護のための時間休暇や時間差出勤ができる	●	
③女性の育児休業取得比率は90%以上である	●	
④男性の育児休業所得者がいる	●	
⑤介護休暇取得者比率は80%以上である		●
⑥育児休業取得後の復帰率はほぼ100%である	●	
⑦小学校3年生までの育児短時間勤務ができる	●	
⑧子供の病気などの際、会社や職場に気兼ねしないで休むことができる	●	
⑨介護サービスの利用補助制度や保育料の補助がある	●	
⑩ベビーシッター活用についての補助がある		●
社員の事情を踏まえた働き方の自由度		
⑪在宅勤務またはサテライトオフィスで仕事ができる	●	
⑫正社員・非正社員など自分の希望で雇用形態を選択できる	●	
⑬家族にケアーが必要な人がいる場合の働き方に配慮している	●	
男女平等についての取組み		
⑭経営者の親族以外の女性管理職（課長級以上）がいる	●	
⑮全管理職に占める女性管理職の割合は30%以上である	●	
⑯賃金面や雇用面の男女の違いはない	●	
⑰男女問わず平等に研修のチャンスがある	●	
⑱女性だけにお茶出しや清掃の強要はない	●	
⑲本人の意思に反して（本人が短時間勤務を望む場合等）、女性が産休復帰後、キャリアアップが望めない仕事に変わることはない	●	
女性の特性を踏まえた環境整備		
⑳女性の育児や介護休暇取得時にも何等か（給与・保険等）報酬が得られるように配慮されている		
㉑ 女性社員の残業や会議などの際、家庭の事情の欠席がゆるされる	●	
㉒ 職場内に女性専用の化粧室・洗面台がある	●	
㉓ 生理休暇（法律で定められている）が取得しやすい環境である	●	
社員の働く環境		
㉔ 社員食堂や休憩室は快適である		●
㉕ 温水便座のトイレがある	●	

株式会社

マコセエージェンシー

豊かな感性と寄り添いで、最高の「送る言葉」を届ける。

想いを伝える独自の会葬礼状

鹿児島県の日本一企業として知る人ぞ知るオリジナル会葬礼状NO・1企業の広告代理店が株式会社マコセエージェンシー（以下マコセ）です。

マコセは、一九八八年に現社長の五十嵐芳明《いがらしよしあき》さんにより創業した会社です。

五十嵐さんは、東京の大学を卒業後、デザイナーを目指して東京に残り、修行を積んだのちに、地元の鹿児島に戻りました。広告の仕事に魅力を感じていたこともあり、地元で大手広告代理店出身の社長が経営する会社に再就職を果たします。

もともとは夢であるデザイナー部門を志望していましたが、会社の状況を考えて、早く会社の戦力になるために、入社一カ月後には営業へ自ら志願しました。

ところが、入社から五年目に社長がガンだとわかり、将来に不安を感じた社員の半数は退職してしまったのです。五十嵐さんは迷いましたが、縁があって入社した会社に残ることを決断しました。

その後、必死に働いた五十嵐さんは、社長が亡くなる一年前には、実質の経営を任せられるまでになっていました。しかし、社長の死後に株を相続した社長の奥様が会社経営に実質的に関わっていなかったこともあり会社を解散することになってしまったのです。

解散した際、五十嵐さんには、数社からの誘いがありましたが、資金援助をするから独立したほうがいいと勧める知人に背中を押され、一九八八年十月一日に自分の会社を創業することを決心します。こうして鹿児島の地に広告代理店として株式会社マコセエージェンシーがスタートしたのです。

しかし、創業して間もなくバブルが崩壊し、広告業界もあおりを受けました。先行きに不安を感じつつも、それまで取り組んできたお悔やみ広告のノウハウと、とある大手互助会との縁がきっかけで、創業からおよそ一五年、新たな転換期を迎えます。

お悔やみ広告の打ち合わせは、自宅もあれば会館に足を運ぶこともあり、葬儀の現場は常に身近にありました。そんな中、五十嵐さんがある恩人の葬儀に参列した帰り、会葬礼状が駅のゴミ箱に捨てられているのを目にしたのです。

礼状を捨てる参列者に憤《いきどお》りを覚えると同時に、簡単に捨てられるには理由があるのではないかと五十嵐さんは考えました。

葬儀の最後、喪主《もしゅ》が挨拶に立つと、故人を思い、遺族を思い、すすり泣く人もいます。心に迫る言葉は人に感動を与え、また温もりさえ感じさせてくれます。この喪主挨拶にヒントを得て、オリジナル会葬礼状は生まれたのです。

東京ではなく、地元の鹿児島で

現在、マコセの売上の柱になっているオリジナル会葬礼状は、同社の一〇〇名を超える地元採用の女性社員が制作にあたっています。

当初、五十嵐さんは、オリジナル会葬礼状のスタートには東京が適していると思っていました。なぜなら、東京にはいわゆるライターが数多くいるのに対して、鹿児島の人材は限られていたからです。

ところが、結果として鹿児島はオリジナル会葬礼状を生み出す風土に適していたことに気付きます。

東京などの大都市では核家族や一人っ子が多く、幼いころから両親以外の親戚と接する機会は減っています。一方で鹿児島では、祖父母と一緒に暮らしている大家族がまだ多くあります。

さらに、鹿児島では、先祖を敬《うやま》う精神が強くあり、よって供養《くよう》をとても大事にしています。お墓参りはもちろん、自宅に仏壇があり、そこに供えるご飯やご供物は欠かさずに変える習慣が日常的に行われています。

お墓参りの際には、まるで隣と競うかのように花を供えます。供養花の消費量は日本一というデータもあるほどです。

つまり、普段から、高齢の方との接点や、先祖に触れる機会が多くあるために、お亡くなりになられた方に対する遺族の気持ちを、実体験をもって理解することができるのです。

前述のお悔やみ広告にも地域の特性があり、人との繋がりを大事にすればこそ、かつては葬儀の規模にかかわらず、お悔み広告を新聞に掲載する一般家庭が少なくはありませんでした。新聞社の代理店として取材に出向き、掲載料の一部を受け取れるということの仕事は、地方の広告代理店にとっては魅力的でした。

今では会葬礼状のパイオニアとして日本一を誇っていますが、日本全国へ販路を広げるということは苦難の連続でした。

どこへ言っても葬儀社の方の口をついて出るのは「そんなの見たことない」というフレーズ。鹿児島では大手互助会との縁をいただける幸運にも恵まれましたが、地道に全国を歩き回り、販路を広げていきました。興味深く話を聞いてくれた葬儀社の方からは

「これを待っていた！」と言葉をかけられ、それからはじわじわと広がりをみせ、いつしか口コミで問い合わせがくるまでになっていました。

オリジナル会葬礼状の受注が順調な推移を見せ始めた頃、さらなる好機が訪れ、イオンの葬儀の主力商品として扱ってもらえることになったのです。スタート時から、オリジナル会葬礼状はアンケートによる反響で一位を誇り、マコセの飛躍の原動力ともなりました。

遺族に話を聞いて文章を作る。ひと言で言えばそれだけかもしれません。しかし、そこにはいくつものハードルがありました。ひとつは時間の制約です。九州では亡くなったその日に通夜を行うことは珍しくなく、当然会葬礼状も間に合わせなくてはなりません。限られた時間の中で悲しみの深い遺族に話を聞くということも大きな壁ではありましたが、誰もが感動するような文章と絶対に間違いが許されないということもこの仕事を難しくしました。

しかし、そこがニッチたるゆえんであり、あらゆる創意工夫を施し、この問題をひとつずつクリアにしていったのです。

創業間もないころは、男女にかかわりなく人を集めることに苦労しました。当初は、実績もなかったため、求人広告を掲載してもなかなか人が集まりませんでした。

そこで、より女性も応募しやすいように、業務内容の説明を「一般事務、電話で取材をする仕事、パソコン事務もあります」と間口《まぐち》を広げて訴えました。そうすると、業務内容が女性中心で、しかも電卓をたたいてといった仕事をイメージして採用面接に来る方が増え始めました。結果として、多くの女性がマコセの門をたたくようになったのです。

しかし、オリジナル会葬礼状を作るには、電話で遺族に故人への想いを取材し、それを具体的に文章としてライティングをするといったことが不可欠になります。そのために、集まった女性たちを中心にライターを育成することからスタートしました。

感受性豊かな女性スタッフ

現在、マコセで行われているオリジナル会葬礼状が、どのようにできるのかを確認してみましょう。

葬儀社からＦＡＸで会葬礼状に必要な住所や電話番号が記載されたものが届きます。その場で折り返しの連絡をし、指定された時間になると専門スタッフがお客様に電話をかけてお話を聞きます。電話を切るとすぐさま文章作成に取りかかり、二重、三重の社内校正を経て、一時間～二時間後には、葬儀社に原稿が届けられます。

取材時間はわずか五分〜一〇分。これも遺族に負担をかけない配慮であり、時として想いが溢れてくる方には三〇分〜一時間話に耳を傾けることもあります。故人が好きだったこと、生前のエピソード、家族との繋がり等々。ヘッドセットを付け、直接パソコンに打ち込む姿もあれば、ペンを手に、懸命にメモを取り続ける姿もあります。

印象的なのは、女性スタッフが優しく相づちを打ちながら受話器を握り、一緒に涙を流しながら話に耳を傾ける様子です。その豊かな感受性をもったスタッフが作り上げる文章だからこそ、感動を呼ぶことができるのだと頷けます。

今でこそ、こうした作成プロセスが出来上がりましたが、オリジナル会葬礼状のアイデアをどのように商品化していくかについては回り道がありました。

当初、五十嵐さんは、男女別、年齢別、職業別、死亡原因別について、一年間で会葬礼状の文例を一〇〇〇例も作り、徹底して「マニュアル化」しました。そして、その文例を引っさげて葬儀社を回りましたが、苦労して作った一〇〇〇例の文例はまったく使い物にならなかったのです。

一人ひとりの故人には、それぞれ家庭があり、家族があり、立場があり、そして人格が違ったからです。一人ひとりに徹底したオリジナル性がないと感動までには至らないことに気づきました。

そして、前述のような作成プロセスを検討していき、専門スタッフと関わる中で、オリジナル会葬礼状を書く方途を模索していきました。

徳のある人財と心の教育

素養や適性があるといっても、元々事務スタッフだと思って応募してきた女性たちは、ライティングやヒヤリングの経験はありません。

まず、専門スタッフの採用は、「徳のある人間であること」が基準になっています。いくら文章力があったとしても徳がなく、心優しくなければ感動を呼ぶ原稿が書けないと、五十嵐さんは考えるからです。

しかし、今度はいくら徳のある心優しい人を採用したとしても、原稿を書く技術や感性も磨かなければなりません。そのため、徹底して文章技術と感性を高める教育を実施しています。

そのためにマコセでは社員に向けたセミナーを実施しています。文章力の育成では、これまで文章術に関する著書を数多く出版している阿部《あべ》紘久《ひろひさ》氏。お別れの際で気を付けることでは、エンディングデザインコンサルタントの柴田《しばた》典子《のりこ》氏。傾聴力を高めるためにグリーフサポート（死別や大切なものを喪ってしまったことにより湧き上がってくる感情を安心して外に出せるように受け止め共感する）研修で橋爪《はしづめ》謙一郎《けんいちろう》氏。坂本も「人に喜ばれる仕事」をテーマにセミナー担当したこともあります。

このように、二カ月に一度、外部講師を招いての講演を継続しています。セミナー以外にも、日本語検定資格への挑戦を専門スタッフに奨励し、現在一級二名、二級二五名が資格保有者です。さらに、専門スタッフが今後読みたい本を自由に買えるように予算化されるなど、徹底的に文章力と感性を高める取り組みをしているのです。

女性が快適に働ける職場環境

五十嵐さんは、「男性はいったん退職すると戻ってくることはまずない。しかし、女性は結婚や出産といった環境の変化による退職が多く、これまで培ってきたスキルを無駄にしてしまうのはもったいない」と話しています。事情が変わったらいつでも復帰できるように、また、退職せずに済むようにマコセではいくつもの働き方の選択肢を用意しています。

例えば、経験を積んだスタッフはあらゆる事態にも対応できるため、在宅での取材とライティングが可能です。

実際、現在四名の専門スタッフは在宅勤務です。つまり、取材方式を身に付けた専門スタッフのスキルがあれば、生活に合わせて働き方を選べるのです。

産後の復帰率も一〇〇パーセントで、これまでに八人のスタッフが一年間の育児期間を経て、仕事と家庭を両立させるための時短勤務というかたちで復帰しています。

また、乳がん検診や社員旅行、社員旅行は人間ドックを選択することもできます。心のゆとりを生みだし、いきいきと働いてもらうためのポジティブオフの実施や、一定のルールをもうけ、社員同士での食事会も会社で負担しています。

その他にも、女性の感性で飾られた素敵な社内食堂があります。この食堂では、昼食の費用は会社が負担し、社員が持ちまわりで料理を担当します。また、社員家族を招いてのクリスマス家族会や新年会など、社内行事にも使われます。

ほかにも女性が働きやすいように様々な工夫がなされています。

たとえば、トイレが使用中かどうかを自分の机の上にいても確認できるように、飛行機についているような表示灯を備えていたり、体調がすぐれないスタッフや休憩時間にゆっくり身体を休めたいスタッフのために、隣接するビルの一室を借りて作ったリラクゼーションルーム「シエスタ」は、集中して業務を行いたいときにも利用されており、女性の心と身体に配慮されています。

さらに、社内イントラネットというシステムを導入し、一〇〇人以上いる専門スタッフが、今何をしているのかが一目でわかるようにしています。これは、決して監視したり、管理するためではありません。他の専門スタッフの状況を全員が分かるようにすることで、お互いに助け合うことができるようにしているのです。

また、スタッフの評価制度も女性を中心に考えられており、社員一四〇人に対して、女性管理職は二〇人。社歴を問わず活躍の場を与え、一年間に及ぶ社外研修を経てグリーフサポートの資格を得たスタッフは、社外講師として全国を飛び回ることもあります。近年力を入れているナレーション付きＤＶＤの部門においては、希望するスタッフをナレーターとして育成し、それぞれが得意分野で輝けるステージを用意しています。

他にも、スタッフ一人ひとりの自信作に社員全員が投票して決定するアワードの実施や、一定件数に対応できるようになったスタッフを評価するポイント制度、作成件数上位一五人にはさらに手当で還元するという制度も生み出しています。

このように、女性を中心とした専門スタッフが、誇りをもって働くことができる社内環境なのです。

現在は、全国で一〇〇〇社を超える葬儀社と取引し、年間一二万件以上のオリジナル会葬礼状を作成・提供しており、国内ＮＯ・１の実績を継続しています。

こうしたマコセの成功を見て一〇社程度の競合会社がこの会葬礼状の部門に新規参入

しましたが、最終的にはマコセが選ばれることが多い状況です。五十嵐さんを中心に長年培ってきた「人への想い」は、簡単に表現できないからです。

人との関わりが希薄と言われる時代だからこそ、身近な心の繋がりが重要視される世の中。ますます高まってゆく「オンリーワン」サービスの需要を満たすためには、「オンリーワン」のスタッフを大切にするというマコセの精神があります。マコセの成長は、まさに、優れた女性の感性を引き出し、徹底した教育と働く環境を工夫することにより、支えられているのです。

Aランク＝80点以上　Bランク＝70~79点　Cランク＝50~69点　Dランク＝49点以下

指標項目	YES	NO
ワークライフバランス（男女問わず）		
㉖有給休暇以外で本人や家族等のメモリアル休暇制度等特別休暇制度がある	●	
㉗月当たり残業時間は10時間以下である		●
㉘リフレッシュ休暇等、連続5日以上の休暇制度がある	●	
社員の要望・意見・相談を聞く体制		
㉙会社が契約する専門家（例　カウンセラー等）を活用できる	●	
㉚要望・意見を気さくに聞いてくれる部署や担当者がいる	●	
㉛キャリア面談が定期的にされて、本人の希望に沿う努力をしている	●	
㉜定期的に書面による社員満足度調査を実施している		●
人を大切にする経営姿勢		
㉝業績重視ではなく、関係する人々の幸せを優先した経営である	●	
㉞経営はガラス張りであり、全社員に情報の共有化がなされている		●
㉟賃金やボーナスは地域や業界の平均以上である	●	
㊱給与や昇給は極端な成果主義ではない	●	
㊲雇用形態を問わず働きたい社員は何歳でも働ける	●	
㊳66歳以上の継続勤務でも賃金は定年前の40%以上保証されている		●
㊴ダイバーシテイを積極的に推進している	●	
㊵本人の誕生日はもとより家族の誕生日に何らかのプレゼントをしている	●	
㊶地域活動やボランティア活動を奨励している		●
㊷社員同士の飲み会等への金銭的な補助がある	●	
㊸社員の子供や友人等が働いていたり、就社させたいといった希望がある	●	
㊹各種資格取得補助制度がある	●	
㊺借り上げ社宅制度、またはマイホーム購入支援制度がある	●	
㊻人間ドックやインフルエンザ予防接種費用の補助している	●	
女性活躍推進取組みの成果		
㊼女性の転職的離職率は3%以下である		●
㊽女性社員比率は30%以上である	●	
㊾女性の有給休暇取得率は70%以上である	●	
㊿女性のロールモデルが会社内にいる	●	
合計	80	

マコセエージェンシー

女性の働きやすさ指標アンケート

2×50＝100点

指標項目	YES	NO
子育て・介護支援		
①企業内託児所、または会社が契約した企業外託児所がある	●	
②育児や介護のための時間休暇や時間差出勤ができる	●	
③女性の育児休業取得比率は90％以上である	●	
④男性の育児休業所得者がいる		●
⑤介護休暇取得者比率は80％以上である	●	
⑥育児休業取得後の復帰率はほぼ100％である	●	
⑦小学校3年生までの育児短時間勤務ができる		●
⑧子供の病気などの際、会社や職場に気兼ねしないで休むことができる	●	
⑨介護サービスの利用補助制度や保育料の補助がある	●	
⑩ベビーシッター活用についての補助がある		●
社員の事情を踏まえた働き方の自由度		
⑪在宅勤務またはサテライトオフィスで仕事ができる	●	
⑫正社員・非正社員など自分の希望で雇用形態を選択できる	●	
⑬家族にケアーが必要な人がいる場合の働き方に配慮している	●	
男女平等についての取組み		
⑭経営者の親族以外の女性管理職（課長級以上）がいる	●	
⑮全管理職に占める女性管理職の割合は30％以上である	●	
⑯賃金面や雇用面の男女の違いはない	●	
⑰男女問わず平等に研修のチャンスがある	●	
⑱女性だけにお茶出しや清掃の強要はない	●	
⑲本人の意思に反して（本人が短時間勤務を望む場合等）、女性が産休復帰後、キャリアアップが望めない仕事に変わることはない	●	
女性の特性を踏まえた環境整備		
⑳女性の育児や介護休暇取得時にも何等か（給与・保険等）報酬が得られるように配慮されている	●	
㉑ 女性社員の残業や会議などの際、家庭の事情の欠席がゆるされる	●	
㉒ 職場内に女性専用の化粧室・洗面台がある	●	
㉓ 生理休暇（法律で定められている）が取得しやすい環境である	●	
社員の働く環境		
㉔ 社員食堂や休憩室は快適である	●	
㉕ 温水便座のトイレがある	●	

株式会社

ビューティーサロンモリワキ

細やかな心配りと笑顔が溢れる思いやりの美容院。

建築業から美容の世界へ

最後の一〇社目に、大阪府交野《かたの》市を中心に、美容一般及び化粧品販売を行う株式会社ビューティサロンモリワキを取り上げます。

一九五二年四月に、現代表取締役社長の森脇嘉三《もりわきよしぞう》さん（以下嘉三さん）の妻で取締役森脇正子《まさこ》さん（以下正子さん）の両親が創業し、一九七六年九月に法人設立している美容室です。現在は、交野本店をはじめ、交野市、枚方《ひらかた》市、寝屋川市で貸衣装店を含め八店舗を展開、社員数も一〇〇名を超す規模にまでなっています。

現社長嘉三さんは、初めから美容の世界にいたわけではありません。結婚した時は、設計や現場監督で建設関係の会社に約一〇年勤めていました。正子さんと結婚したことで、正子さんのお父さん（以下先代）とも接する機会ができました。先代は、毎日のように哲学的な話を嘉三さんにしたと言います。

たとえば、「家族を幸せにできないものが、スタッフを幸せにできない。スタッフを幸せにできないものが、社会に貢献したいといっても順番が違う」といった言葉です。

当時、ご夫婦に子どもが生まれて、嘉三さんは建設業、正子さんは美容院の仕事をやっていました。ところが、正子さんは、お客様の予約が立て込むと、夜になってもお子さんを保育園に迎えに行けない時があったそうです。

嘉三さんは、まだ幼いお子さんが小さなリュックを背負って玄関先で正子さんを待っていることを聞いたときに、このままではよくないと思ったそうです。そして、先代がいつも言っていた「家族を幸せにできないものが……」という言葉が頭をよぎりました。子どものために、嘉三さんが仕事を辞めるか、正子さんが美容院を辞めるか悩みました。そして、嘉三さんは先代を尊敬していたので「この人のもとでやっていこう、私が会社を辞めて美容室に入った方がいい」と決意したのです。

ちなみに、外国航路の船乗りだった弟の代表取締役副社長・森脇伸一《しんいち》さんも正子さんの妹の文子《ふみこ》さんと結婚して先に美容院に入っていましたが、入社して四年後には一番年長の嘉三さんが先代から会社を引き継いで社長になり、ビューティーサロンモリワキは新経営体制で新たな船出を迎えます。

すぐに嘉三さんは、美容業界は一般の会社とは異なることが数多くあることに気づきます。たとえば、スタッフは誰も社会保険に入っていません。週休二日でもなく、店を閉めた後に、カットの練習や会議で、夜遅くまで残業するのが当たり前でした。

先代が他界すると、嘉三さんはしばらくして経営を拡大路線へと進めていきました。店舗展開を進めるとともに、既存店舗も順次に全面改装して、順調に売上を高めていきました。一九九七年から二〇〇三年までの売上推移をみると、少ない年でも前年の四・三パーセントアップ、多い年では前年比一一・七パーセントアップするなど、面白いように売上が伸び、二〇〇三年には過去最高の売上・利益を計上したのです。

嘉三さんは、売上を上げ、利益を出すことで、スタッフが喜び、幸せになると思い込んでいたそうです。順風満帆に思えましたが、数年の内に、次々と試練が訪れました。

一つ目は、お客様から大きなクレームが入り、その補償に多額の費用を費やすことになりました。

二つ目は、スタッフが寮で大きな事故に遭いました。

さらに、極めつけの三つ目は、入社四年目のスタッフが八カ月の間に一三人中九人も退職をしてしまったのです。

嘉三さんは、がむしゃらにスタッフを増やして拡大路線に走ったことで無意識の内にスタッフにプレッシャーを掛けていたと、当時を振り返ります。そして、先代のことを思い出し、売上・利益を追わない経営、スタッフを大切にする経営、大家族主義経営へと舵《かじ》を切ったのです。

すると、売上は三年連続で下がっていきました。しかし、その三年間で入社したスタッフ三五人の内、辞めたのは二人だけになり、スタッフの離職率は格段によくなったのです。また、毎年一〇～一五名の若手人材が入社するようになりました。最近では、モリワキを卒業したOBのお子さんが入社するようになっています。

さらに、社員に根ざした経営をすることで、お子さんを持ちながら店長を勤める女性店長のロールモデルもできるようになったのです。（大阪府交野市の女性活躍企業としても表彰されています）

指針を示した人たちとの出会い

試練の中で、嘉三さんは、しっかり経営者としての勉強をしようと思いました。勉強する中で、先代から受け継がれたモリワキのモットーがありましたが、会社としての経営理念がないことに気づきます。ちょうど、時を同じくして、嘉三さんは本屋で、伊那《いな》食品工業株式会社会長（当時）の塚越寛さん（以下塚越さん）の本と出合いました。その本を読んで大きな感銘を受けたと言います。

嘉三さんは、本に書かれていた伊那食品工業の社是「いい会社をつくりましょう　逞《たくま》しくやさしく」がシンプルでいいなと感じていました。そして、頭の中で、ぼんやりと、モリワキの組織文化・風土から、「思いやり」「やさしさ」といったキーワードが思い浮かびました。こうした経緯で、経営理念を「やさしい会社をつくりましょう　一人一人を大切に」に設定しました。

さらに、中小企業家同友会の経営指針（理念）の勉強会に出ました。その勉強会では、「モリワキの経営理念は、ボランティア的で企業経営としては相応《ふさわ》しくない」等、厳しいことを言われましたが、逆に「これでいこう！」と決意を深めたそうです。

しかし嘉三さんは、伊那食品の社是を無断で真似たような経営理念を使うことには、抵抗がありました。そこで、塚越さんに手紙を書き、文子さんと弟夫婦の四人で、一月末に長野県伊那市の伊那食品工業の本社まで訪ねていきました。

塚越さんからは、

「経営の本質的なものは似てくるので、気にしないでください」と言われ、ようやくモリワキの経営理念「やさしい会社をつくりましょう」は確定したのです。その後、毎年、塚越さんと手紙のやりとりをする中で、モリワキの店頭で伊那食品の商品である寒天雑炊《かんてんぞうすい》を販売したり、モリワキの入社二年目に伊那食品工業で研修を実施するなど徐々に関係を深めていきました。

この時期、嘉三さんは、いろいろな人から学びたいと、遠方へも訪ねていきました。熊本の陶芸家・北川八郎《きたがわはちろう》さんや北九州市小倉で同じく美容室を経営する久保華図八《くぼかずや》さん（以下久保さん）などは、この時期からのご縁で今でも研修会で招くなどのお付き合いが継続しています。

北川さんから、三つの言葉を学びました。

一つ目は「拡大するより内部の充実を図るべき」。言い換えると「あなたが饅頭《まんじゅう》屋だったら、店を増やすよりもあんこを充実させなさい」という言葉です。その意味するところは、どんなに見た目をよくしても、中身が伴っていなければ、結局はスタッフもお客様も去っていくということです。

二つ目は、「戸が笑う店をつくるべき」。お金は必要だが目的にしてはいけない。売上というのは、上がったり下がったりするのは当たり前で長期的な視野で見ていかなければならない。売上げに一喜一憂するのではなく、「お客様が本当に喜んでくれているかどうか」「スタッフが健康で、のびのび働けているかどうか」を点検することが一番という意味です。

そして三つ目は、「損することを恐れないで、ありがとうと言われる道を選ぶ」。物事を判断する基準は、損得ではなく人の喜ぶことを提案されました。迷った時は、損を恐れないで、信用を選ぶということです。

当時、拡大路線からの転換を図ったものの、三年間売上が下がり続けていましたが、この言葉を聞き、迷いも晴れて嘉三さんは進むべき道に確信が持てたと言います。

これまで、店舗のリニューアル、新規顧客の獲得などに費やしていた利益を、社員の幸せのために使おうと決めました。そして、単に給料を増やすということではなく、スタッフが昨年より快適な会社になったと感じられるような具体的な取り組みを次々と始めたのです。

例えば、レクレーションも頻繁に行われます。月に一回の夕食会、ホテルでの食事会、モリワキ大会、モリワキ祭、ヘアーショーの開催、全員キャンプ、モリリンピック（社内運動会）、限界に挑戦する四二キロロードウォーキング等、スタッフとのコミュニケーション不足を埋めようと必死に取り組んだのです。

心のスタッフ教育体制の充実

売上・利益の重視から内部充実へ転換のために、スタッフの教育体制も見直しました。モリワキの教育基本を「教えられて、教えて、助けられて、助けて」と定め、単に美容技術だけでなく心の教育も行うことで、一人前の社会人としての立派な優しく心遣いできる美容師を育成することを心がけたのです。

自分たちは、いろいろな人に教えられて、助けられてきたことに感謝をし、次は自分が後輩やお客様に教えてあげる。助けてあげる。そのときに人のありがたさ、やさしさを知り、人としての成長をするといった考え方です。

具体的には、技術的な面に関しては、スタートからゴールまでのロードマップを作り、技術がどこまで上がったかが分かるようにしています。そして、四年半でスタイリストとして一人前になることを目標にスタッフ同士もお互い教え合いながら成長していきます。さらに、社内ギネスと称して、技術を競い合い、腕を上げるといったことを遊び感覚も交え、楽しんでやっています。

技術教育も熱心ですが、それ以上に大切にしているのが心の教育です。心の教育は、文子さんが、入社したばかりの一年生を集めて継続的に実施しています。また、外部からも北川八郎さんやアジアチャイルドサポートの池間先生など、様々な方を招いて勉強会を実施しています。

直接の教育ではありませんが、休日に、スタッフが自主的に行っているボランティア活動にも力を入れています。具体的には、滋賀県主催の取り組みに参加したり、障がい者施設や学校などに訪問したりしてヘアーカットやネイルを行い、一緒に生活をします。

こうしたボランティア活動そのものが心の教育になります。障がいを持つ人と一緒に、ホールで手作りの昼食を作ったりしている中で、心やさしい職員の方と接することになるからです。

また、訪問先の止場《とば》学園の学園長からは教育者として、訪問したスタッフに様々なことを教えてくれると言います。

モリワキのお客様は、十歳から七十代まで幅広い年齢層の方が来られます。技術面だけでなく、心の教育により、スタッフのやさしさ、ホスピタリティーが育まれ、お客様のリピートに繋がっています。

心の教育が、スタッフの行動に結びついた例を一つご紹介します。

モリワキのお客様ではありませんが、定期的に、店舗の前を車いすで通る人がいました。ある時、若い女性スタッフが、タオルやバケツを車いすの方のところは持っていって何かしているのを目にしました。実は、車いすの方が便意をもよおしてしまい、トイレに行くのが間に合わずに下を汚してしまったのです。めったに遭遇する場面ではありませんが、若い女性スタッフは見て見ぬ振りせず、懸命にケアをしたのです。さらに、その女性スタッフの対応を見た違う女性スタッフも手助けに加わります。

それを聞いた他の社員からは、その女性社員たちに社長賞をあげてほしいと提案があったそうで、普段の心の教育の成果の表れだと思います。

充実のサポートで笑顔いっぱいのお店へ

モリワキでは、スタッフがいきいき働けるように様々な取り組みを行っています。数多くありますが、主だったものをご紹介したいと思います。

全寮制

交野町本社の道路を挟んで斜め向こうに茶色のビルが建っています。モリワキのスタッフが寝泊まりする寮です。

職場から距離があるところでは、通うのに大変であることに加え、夜道は危険だということで、本社の向かいに建てました。モリワキのスタッフは九州、四国、中国と各地から集まっています。その約半数は九州出身者と地方出身者が多いため、安心して生活をしてもらうために寮を完備しているのです。

入社してくるスタッフの中には、大阪近辺の方もいますが、全員がこの寮に入り二四時間寝食を一緒にします。目的意識を持っている人も、まだそうでない人もいます。寝食を共にすることで、同じ寮で生活する仲間が、辞めたい、辞めるといったような話が出た時には、同期の人が励ましたりして、思い留まるように説得するといいます。

男女交際禁止

入社の時に、アシスタントの間は安易な男女交際が禁止となっていることを伝えます。軽い気持ちで男女関係になると、分かれた際にどちらかが居づらくなって辞めてしまうことになるからです。さらに、めったにありませんが、複数の異性と付き合うことでトラブルになることを防ぐためです。

その代わり、社内結婚は大いに推奨しています。相手のことを本気で想い合うことは素晴らしいことだからです。先述の「恋愛禁止」と矛盾《むじゅん》しているように見えますが、「安易」ではなく「本気」であるかどうかが重要なのです。実際、モリワキのスタッフ同士で結婚した数は、創業六六年の社歴の中でも多く、現在も三組ほどが夫婦で働いていいます。もし、夫婦で独立した場合、男性にとっても、女性にとっても、お互いに最高のパートナーになるからです。

子育てを両立する「テクニシャン」

女性スタッフが結婚し出産すると育児休暇を取ります。その後、半年くらいで子どもが保育園に入園するなど復職が可能になった場合、特別な理由がない限り全員が復職できます。そして、これまでほぼ全員が復職しています。というのも復帰後の働き方に会社として真摯《しんし》に向き合い、希望者はフルタイムではなく短時間勤務を認めることで子育て両立するサポートをしています。実際に短時間で働く女性スタッフが多くいます。

正子さんは、こうした女性たちを「パート」と呼ぶと低く見ているような気がするということで「テクニシャン」と名付けました。出産・育児と仕事との両立に関しては、あくまでも、本人の希望を優先しています。

レッスン室と食堂を完備

本店三階には、スタッフがカットなどを本番さながらに練習することができるレッスン室が用意されています。そこで、スタッフ同士が腕を磨きます。レッスン室の隣には最も景色がいいところに社員食堂があります。そこでは、外食で栄養が偏《かたよ》らないようにと、毎日バランスがいいメニューを考えるスタッフがいます。そのスタッフの中には、毎月、髪をカットにくるお客様もアルバイトで手伝っています。いかに、お客様と密着しているかがわかります。

独立を応援

美容業界は退職率も高く、美容学校を卒業して美容師になっても、その数は一〇年で一〇分の一になります。一見、華やかでファッショナブルに見える美容師ですが、実際は一日中立ちっぱなしの重労働です。他の業種に比べても報酬は、決して高くないのが現実です。モリワキでは、ほとんどの美容室がやっていない社会保険を整備することで一般的な美容室に比べれば退職率は非常に低くなっています。

一方で、モリワキでは独立をしたい社員の応援もしています。つい最近も、同期同士で社内結婚をして、三〇年間勤めてきた夫婦が独立しました。奥さんの実家である鹿児島に帰省した際、高齢な母親を見て、最後の親孝行をしたいと思ったそうです。しかし、夫婦二人ともモリワキで一生働くつもりでいたために独立資金はありませんでした。そこで、功労金として独立資金の援助をしたのです。こうした支援もあってか独立した元社員が、毎年の新年会に、四国や九州や島根などからも数多く集まります。

ご紹介した以外にも、スタッフがいつでも相談できる心理カウンセラーとも契約するなど、スタッフへのケアやサポートは数多くあります。

嘉三さんは、「美容師は、お金をもらって、お客様に直接に喜んでもらえて、ありがとうございますと言われる職業だ」と言います。

実際、お客様もモリワキの店舗の居心地のよさに思わず長居をする方が多くいます。そして、自身はリピーターとなり知人に口コミで広めていっています。またモリワキを知らない人も、たまたま店の前を通った際に、にぎやかで笑顔が絶えない店内の様子を見て、お客様になっていくという好循環が生まれる店に変わりました。

モリワキは、一時は売上やスタッフ数も減少し、リピーター率が停滞した時期もありました。しかし、嘉三さんをはじめ、文子さん、弟の伸一さん夫婦が上記のように中身の充実を図ったことで、お客様とスタッフからの高い支持を受け、現在は、売上・利益に走っていた時以上に、着実に成長発展を続けているのです。

美容師という職業は、男性と女性のスタッフの割合では他の業種と比較しても女性の割合が多い仕事です。だからこそ、男女の分け隔てなく「すべてのスタッフの幸せ」を目指すビューティーサロンモリワキの取り組みと歴史は、これから女性がますます社会で活躍する時代の先駆けと言えるでしょう。

Aランク＝80点以上　Bランク＝70~79点　Cランク＝50~69点　Dランク＝49点以下

指標項目	YES	NO
ワークライフバランス（男女問わず）		
㉖ 有給休暇以外で本人や家族等のメモリアル休暇制度等特別休暇制度がある		●
㉗ 月当たり残業時間は10時間以下である		
㉘ リフレッシュ休暇等、連続5日以上の休暇制度がある	●	
社員の要望・意見・相談を聞く体制		
㉙ 会社が契約する専門家（例　カウンセラー等）を活用できる　※二人	●	
㉚ 要望・意見を気さくに聞いてくれる部署や担当者がいる	●	
㉛ キャリア面談が定期的にされて、本人の希望に沿う努力をしている	●	
㉜ 定期的に書面による社員満足度調査を実施している	●	
人を大切にする経営姿勢		
㉝ 業績重視ではなく、関係する人々の幸せを優先した経営である	●	
㉞ 経営はガラス張りであり、全社員に情報の共有化がなされている	●	
㉟ 賃金やボーナスは地域や業界の平均以上である	●	
㊱ 給与や昇給は極端な成果主義ではない	●	
㊲ 雇用形態を問わず働きたい社員は何歳でも働ける	●	
㊳ 66歳以上の継続勤務でも賃金は定年前の40%以上保証されている	●	
㊴ ダイバーシテイを積極的に推進している	●	
㊵ 本人の誕生日はもとより家族の誕生日に何らかのプレゼントをしている	●	
㊶ 地域活動やボランティア活動を奨励している	●	
㊷ 社員同士の飲み会等への金銭的な補助がある	●	
㊸ 社員の子供や友人等が働いていたり、就社させたいといった希望がある	●	
㊹ 各種資格取得補助制度がある	●	
㊺ 借り上げ社宅制度、またはマイホーム購入支援制度がある	●	
㊻ 人間ドックやインフルエンザ予防接種費用の補助している	●	
女性活躍推進取組みの成果		
㊼ 女性の転職的離職率は3%以下である	●	
㊽女性社員比率は30%以上である	●	
㊾ 女性の有給休暇取得率は70%以上である		●
㊿ 女性のロールモデルが会社内にいる	●	
合計	88	

ビューティーサロンモリワキ

女性の働きやすさ指標アンケート

2×50＝100点

指標項目	YES	NO
子育て・介護支援		
①企業内託児所、または会社が契約した企業外託児所がある		●
②育児や介護のための時間休暇や時間差出勤ができる	●	
③女性の育児休業取得比率は90%以上である	●	
④男性の育児休業所得者がいる		●
⑤介護休暇取得者比率は80%以上である　※対象者なし		
⑥育児休業取得後の復帰率はほぼ100%である		
⑦小学校3年生までの育児短時間勤務ができる	●	
⑧子供の病気などの際、会社や職場に気兼ねしないで休むことができる	●	
⑨介護サービスの利用補助制度や保育料の補助がある		●
⑩ベビーシッター活用についての補助がある		●
社員の事情を踏まえた働き方の自由度		
⑪在宅勤務またはサテライトオフィスで仕事ができる　※該当しない		
⑫正社員・非正社員など自分の希望で雇用形態を選択できる	●	
⑬家族にケアーが必要な人がいる場合の働き方に配慮している	●	
男女平等についての取組み		
⑭経営者の親族以外の女性管理職（課長級以上）がいる	●	
⑮全管理職に占める女性管理職の割合は30%以上である	●	
⑯賃金面や雇用面の男女の違いはない	●	
⑰男女問わず平等に研修のチャンスがある	●	
⑱女性だけにお茶出しや清掃の強要はない	●	
⑲本人の意思に反して（本人が短時間勤務を望む場合等）、女性が産休復帰後、キャリアアップが望めない仕事に変わることはない	●	
女性の特性を踏まえた環境整備		
⑳女性の育児や介護休暇取得時にも何等か（給与・保険等）報酬が得られるように配慮されている	●	
㉑女性社員の残業や会議などの際、家庭の事情の欠席がゆるされる	●	
㉒職場内に女性専用の化粧室・洗面台がある	●	
㉓生理休暇（法律で定められている）が取得しやすい環境である	●	
社員の働く環境		
㉔社員食堂や休憩室は快適である	●	
㉕温水便座のトイレがある	●	

コラム 2

女性雇用の推移とM字グラフ

日本人女性の年齢階級別の労働力率（十五歳以上の人口に占める求職中の人も含めた働く人の割合）をグラフで表すと、大学卒業後の二十代でピークに達し、その後、多くは出産・育児期に当たる三十代に落ち込み、子育てが一段落した四十代で再上昇し、アルファベットの「M」の形に似た曲線を描く傾向が見られます。「M字型カーブ」とはこのグラフの形態を指し、日本人女性の就業状況の特徴を表す用語としても定着しています。

一九七五年頃は二十五～二十九歳の時期に労働力率が四二・六パーセントでM字の底となっています。これが次第に推移し、二〇一一年では二十五～二十九歳は年齢階級別で最も高い労働力率七七・六パーセントとなっています。一方で、三十五～三十九歳（六七・七パーセント）の年齢階級がM字の底となっていますが、三十～三十四歳の年齢階級も含めた三十代の労働力率は上昇しています。現在も依然として「M字カーブ」の傾向は続いていますが、そのカーブは以前に比べて緩《ゆる》やかになり、より「台形」に近い形に近づいて、年齢階級も上昇しているのが見て取れます。女性の大卒の増加や、晩婚化・未婚化の進展などでより長期的な就業を希望する人が増えてきているために、若干M字の位置は、右ずれを起こしています。

さて、M字が緩やかになったとしても、問題なのは、女性が結婚・子育てを終えて、復帰した後の仕事の中身です。子育てをしながら働く中で「残業ができない」「転勤ができない」といった制約のために、男性と比べて責任ある仕事を任されなかったり、昇進・昇格等が不利になる女性のキャリアコースのことをマミートラックといいます。永遠に抜け出せず、トラックの中をぐるぐると走らされ続けていると悩む女性のキャリアを表しています。

国立社会保障・人口問題研究所の出生動向基本調査では、第一子を出産した女性のうち出産に伴い仕事を辞めたのは三三・九パーセントで、同様に第二子出産を機に辞める割合は九・一パーセント、第三子出産時は一一・〇パーセントとなっています。二〇一七年に生まれた約九四万六〇〇〇人について、第一子、第二子、第三子以上の内訳を過去の出生割合から推計し、それぞれに離職率を掛け合わせ、出産を機に離職する女性は二〇万人と算出しています。

そして、「本当は、ずっと仕事をしていたいけど、子どもが出来たら、仕事を辞めて、子育てがひと段落したら家計を助けるためにパートに出る」といった働くお母さん像が浮かびあがります。

つまり、会社で仕事を続けてもマミートラックに陥り、退職すれば仕事を復帰するときは、非正社員やパートとして補助業務などを担当することになってしまうのです。現在、女性の進学率も上がり、すばらしい経歴の方も増えています。子育てによってキャリアアップの機会を取り上げられてしまうことが日本の社会にとって、いかに社会的損失になっているかが分かります。こうした日本における女性雇用の実態は、改善しつつあるものの、まだまだ根強く残っていることが数字に表れており、女性の自己実現においても改善しなければならないことは言うまでもありません。

もう一つ、女性が働く上での大きな壁は年収制限です。二〇一八年から、世帯主の所得から配偶者控除の満額三八万円を受けられる配偶者の給与収入の上限が「一〇三万円」から「一五〇万円」に上がりました。配偶者控除のために働く時間を制限するなどして女性の社会進出が進まないことの解決策として打ち出されましたが、夫婦合計年収や社会保険などとの兼ね合いにより、実際は、まだまだ壁があります。

フランスでも日本でも、無期限雇用契約と有期限雇用契約があります。しかし、フランスでは、日本とは異なり、事業主は「一時的に発生する特別な業務や産休等で休暇を取る従業員の代替ケースしか、有期限雇用契約を結んではならない」「各種手当、休暇、福利厚生、教育研修機会に関する権利について差別してはならない」、さらに「『同一労働・同一賃金』の義務を負う」など長い歴史の中で労働者が勝ち取った権利があります。事業主がこうした権利を度外視した状況下で従業員を働かせていたら違法行為になります。

雇用の「調整弁」として女性雇用を考えている経営者もいますが、一方で国の政策の影響で、自ら働くことを抑制する女性も数多くいます。専業主婦が有利とも思えるような時代遅れの政策は、一日も早く見直すべきではないでしょうか？

（参考資料）
国立社会保障・人口問題研究所　出生動向基本調査（二〇一五年）
内閣府男女共同参画局　女性の年齢階級別労働力率（国際比較）

第三章

「働きやすさ指標」に基づく取り組み方

女性の働きやすさ指標アンケート

本書の第二章で紹介した各企業の最後のページにそれぞれの企業が自己採点した「女性の働きやすさ指標アンケート」を掲載しました。このアンケートは筆者らが実際に中小企業を訪れた際にも使用しているものです。同様のリストを巻末に掲載していますので、ぜひ参考にしてみてください。本章では、この「女性の働きやすさ指標アンケート」をベースにこれからの企業に求められる取り組みについてお伝えしたいと思います。

女性には、出産・子育てといった一定期間、キャリアを中断せざるを得ない大きなライブイベントがあります。出産は、女性しかできないものですが、子育ては、女性だけでなく、本来、男性も協力するのが理想だと思います。

しかし、少しずつ変わってきたものの、日本では、一昔前の「男は外で働き、女性は家庭で子育てをする」といった雇用意識の影響が残っていて、女性に子育ての負担が多くなっているのが現実です。

また、親の介護の問題も発生しています。こちらも、子育てと同様に女性が中心に行っているのが、実態ではないでしょうか？　さらに、晩婚化が進み、三十代で出産、三十代～四十代にかけて子育てをする人も増えています。そのため、子育てだけでなく介護も行うといったダブルケアの状況にある方もいます。

まさに、集中して働くことに注力できないだけでなく、物理的に働けない状況になる方もいます。企業として、こうした状況にある社員を支援することは、企業と社員の双方にについてとても大切なことです。

女性活躍推進度チェックリストの意味合いと事例について、紹介したいと思います。

出産・子育て・介護支援に関するチェックリスト

①企業内託児所、または会社が契約した企業外託児所がある
②ベビーシッター活用についての補助がある
③介護サービスの利用補助制度や保育料の補助がある

「はてな匿名《とくめい》ダイアリー」に寄せられた「保育園落ちた日本死ね!!!」と題した投稿が大きな反響を呼び、国会でも、激しい討論がありました。

一方で女性活躍の推進を主張しながら、他方で保育園不足や待機児童の問題などの少子化対策に自分が救われていない痛烈な政府への批判として投稿されたものです。女性にとっては、行き所がない不満が爆発した形になったのでしょう。

実際、保育士不足の問題は、なかなか解決しない状況です。特に、核家族化と共働き

が増加し、保育園に子どもを預けたい世帯の多い都市部に集中して発生しています。

よく海外とのベビーシッター数などが比べられますが、特に移民の受け入れが多い国においては、低賃金のベビーシッターやお手伝いさんがいて面倒を見るところもあり、一概に日本と比べることはできません。

そうした中、会社が企業内託児所を設置したり、企業外託児所と契約することは、女性にとって安心して仕事ができる環境整備です。

企業内保育所は、企業が従業員のために設置した保育施設で、看護師など女性従業員の多い医療施設などでは比較的古くから導入されていました。近年は、待機児童の解消と女性の社会進出をさらに促進するため徐々に増えてきています。

企業内保育所とはその名の通り、企業内・または企業の近くにある、会社で働く社員専用の保育所でその多くは無認可保育園です。内閣府は二〇一六年度から「企業主導型保育事業」を開始しました。この事業が目指すのは待機児童の解消であり、二〇一七年度末までに保育の受け皿を五万人増やすことを目的としています。

自治体に届け出を出すだけで設置できたり、設置する企業への補助金を認可保育所並みの水準に設定したりと、企業が保育所を設置しやすい条件になっているようです。詳しくは、内閣府のホームページに掲載されていますが、中小企業では、設置する際に設

置に掛かった費用の三分の二（上限二三〇〇万円）、運用費も年間一八六〇万円を限度に助成金が受け取れます。（執筆当時）

企業としては、出産を理由に退職する社員を減らせる効果が見込めますし、会社のイメージアップにつながり、採用の応募数も多くなる可能性もあります。

従業員としても、子どもが近くにいる安心感が得られる、送り迎えに時間を取られない、利用者同士で悩みを共有できるといったメリットがあります。

一方で、満員電車で子どもと一緒に出社することが難しいとの女性社員の意見で断念された例もあり、多面的に検討する必要があるでしょう。

また、一企業で設置が難しい場合、複数の企業が契約して共同で利用できるといった保育所もあり、その利用料の一部を福利厚生として会社が支給するといった支援を行うこともできるなど、様々なサービスがありますので、企業内保育所は大企業しか難しいと考えていた中小企業も検討してみるといいでしょう。

中小企業が福利厚生として実施しやすいのがベビーシッターの補助です。こちらについても、最も待機児童問題が深刻な東京都では、二〇一八年度から、待機児童対策としてベビーシッター利用支援事業（ベビーシッター事業者連携型）を実施し、保育園に入れなかった方のフォローをしています。東京都に限らず、こうした国・地方自治体においても条件は異なるものの一度確認してみるといいでしょう。

取り組み事例

株式会社ランクアップ（東京都・化粧品会社）では、早くから、病児シッター制度を設定しています。子どもが熱を出した！　でも仕事は休めない……そんなとき利用料三〇〇円で病児ベビーシッターが利用可能です。子どもが元気になって出社できる場合のキャンセル料も会社が負担してくれます。

代表取締役の岩崎由美子《いわさきゆみこ》さんは、かつては、広告代理店のベンチャーの幹部として、午前様も当たり前のハードワークで働いていました。化粧品会社をおこしたのは、長時間勤務に疲れ果てて、自分の肌がボロボロで老《ふ》けて見られていたからです。自分の肌を美しく、女性をみんなキレイにしようと意気込んでの起業でした。病児シッター制度を始めたのは、ワーキングママは子どもの体調不良でお休みが多いから仕事を辞めたほうがいいのかと悩んだり、一緒に働く仲間からも「ワーキングママはよく休むから一緒に仕事をしたくない」と思われないようにするためです。前職時代とは異なり、安心して働ける環境を整備することで、社員のモチベーションが高まり、商品開発、働き方改革においても、様々な提案により、大きく業績をアップさせています。

働き方の時間的自由度に関するチェックリスト
④育児や介護のための時間休暇や時間差出勤ができる
⑤小学校三年生までの育児短時間勤務ができる
⑥子どもの病気などの際、会社や職場に気兼ねしないで休むことができる
⑦在宅勤務またはサテライトオフィスで仕事ができる
⑧家族にケアが必要な人がいる場合の働き方に配慮している
⑨女性社員の残業や会議などの際、家庭の事情の欠席がゆるされる

子育てや介護では、保育園やデイサービスへの送り迎えなどが会社の勤務時間と重なる場合、仕事との両立が難しくなります。

改正育児介護休業法において、二〇一二年七月から従業員数一〇〇人以下の中小企業に対しても「育児のための短時間勤務制度」の義務化が行われました。

このため、短時間勤務制度は世間に認知されてきていますが、その一方で既存社員との不公平や本人のキャリア形成との相反性が問題になっています。

短時間勤務制度とは、三歳未満の子を養育する社員が希望した場合に、従来の勤務時間（または日数等）を短縮して勤務することが出来る制度です。単に従業員の希望に応じて都度対応するだけではなく、就業規則などで文書化することが義務付けられています。

内容としては、少なくとも「一日の労働時間を六時間」とする措置《そち》しなければならないことになっています。しかし、実施の実態としては、二〇一七年厚生労働省の調査では、全体の女性のみが利用している企業が、四八・二パーセント、男女とも利用しているのは、二・九パーセントとまだまだ利用率が低いのが実態です。

二〇一七年一月一日より、介護を要する家族を持つ社員に対しても、連続する三年間以上の期間、①所定労働時間の短縮措置、②フレックスタイム制度、③始業・終業時刻の繰下げ・繰上げ、などが義務付けられました。

一方、労働現場では、労働力の低下・補充人員の確保や、フルタイム従業員が感じる不公平感への対応など、新たな課題も発生します。

会社としても、①代替労働力の確保コスト、②フルタイム従業員との不公平を調整する作業コスト、③代替労働力に対する教育コスト、などがかかります。

さらに、利用する社員側としても責任のある仕事を任されにくくなります。また、育児期間中にキャリア形成志向が薄れていくこともあります。このことは、本人と会社の両方にとって好ましいことではありません。会社は、育児制度利用によるマイナス面もしっかりと考えた上で、復帰プランを社員と話し合うことが必要です。

会社と社員の双方に多くのメリットや導入効果を狙った取り組みとして、テレワークを導入する企業も増えています。

テレワークとは、ＩＣＴ（Information and Communication Technology）や情報通信機器を活用し、従来のオフィス以外の場所で仕事を行うことです。

特に、自宅利用型テレワーク（在宅勤務、在宅ワーク）は、子育てしながら仕事をできます。また、住む場所がオフィスの場所に左右されないために、親の介護などで都市部から地方に引っ越すことがあったとしても、退職する必要がありません。

一方、デメリットも報告されています。二〇一六年にザイマックス不動産総合研究所が行ったオフィスワーカーのテレワーク実態調査の結果では、在宅勤務を実施しているテレワーカーの四二・一パーセントが仕事とプライベートの切り替えが難しいと感じ、二九・九パーセントが当初の予定よりも長時間労働になったと回答しています。

二〇一三年、九割以上がテレワークを行っていると言われるアメリカ企業において、たとえば大企業のヤフーでは、テレワークを利用していた社員が勤務時間中での副業をしたり自分の会社を立ち上げていたりすることが発覚して廃止にしています。

テレワークの老舗《しにせ》企業であるＩＢＭでは、従来は特定のオフィスに属さずフルタイム在宅勤務をするのが主流でした。これによりオフィスコストは削減できましたが、チームワークやコミュニケーションが欠如したことのデメリットの方が大きいと捉えて、二

○一七年に廃止するなどの例も出てきており、運用の難しさも指摘されています。

取り組み事例

NHKの「クローズアップ現代+」でも紹介されたNECネッツエスアイ（東京都文京区・飯田橋駅）のオフィスには、これまでに五万人を超える見学者が訪れています。社内の巨大モニターでは、大阪や名古屋といった複数の拠点での働く様子が等身大で映し出され、まるで東京本社で一緒に働いているような錯覚《さっかく》に陥ります。

改革前のオフィスでは、社員が固定の机を持ち、同じ部署内や部署が比較的近くの社員とのコミュニケーションに限定されていました。しかし、同社では机は毎日自由な場所を選べるフリーアドレスで、オフィスの真ん中に「マグネットポイント」という社員が自由に交流できるスペースを設置するなど、広く社員同士が交流できるように設計されています。そして、社員がオフィスを自由に歩きまわり、意見交換をしたり、アイデアを共有化するようになっています。

さらに、同社が販売しているZoomというクラウド型ビデオ会議サービスにより、複数の拠点さらには在宅勤務の社員をも簡単にネット通信でつなぐこともできます。以前、在宅勤務では、情報漏洩《ろうえい》、セキュリティーの不安なども指摘されてきましたが、社員に提供されたパソコンは、会社のシステムへのリモートアクセス専用で、データを保存できないように設定されています。また、Ｚｏｏｍは、参加者一人の通信状況が悪くなると、全員の情報交換ができなくなるのではなく、通信状況が悪くなった参加者一人だけに影響があるだけで、他もメンバーは快適にやり取りができます。

今後、さらに新しいツールが生まれ、急速に変わっていくことが期待できます。ツールだけでなく、ヤフーやＩＢＭがテレワークを廃止した要因になったような事態を克服するために、バーチャルマネジメントにおける運用スキルが高めることにより、育児・介護時に限らず、通勤時間の短縮などにより、全ての社員の生産性を上げることが予想されます。「百聞は一見に如《し》かず」、一度、同社へ訪問してみることにより、働き方改革の可能性を実感できると思います。

育児・介護休暇等取得に関するチェックリスト

⑩女性の育児休業取得比率は九〇パーセント以上である
⑪男性の育児休業取得者がいる
⑫介護休暇取得者比率は八〇パーセント以上である

「雇用均等基本調査」は、男女の雇用均等問題にかかわる雇用管理の実態把握を目的に毎年実施しています。調査結果では、二〇一五年十月一日から二〇一六年九月三十日までの一年間に在職中に出産した女性のうち、二〇一七年十月一日までに育児休業を開始した人（申し出している人を含む）の割合は八三・二パーセントです。ちなみに、女性の育児休業取得率のピークは、二〇〇八年度の九〇・六パーセントですので、一〇年のスパンで見れば、若干下がっています。男性の育児休業取得率は長期的には上昇傾向にあるものの、現状では五・一四パーセント（厚生労働省「平成29年度雇用均等基本調査」）にとどまっており、育児休業をはじめとする両立支援制度を利用する男性は少ない状況です。

しかし一方で、三歳未満の子どもを持つ二十～四十代の男性正社員のうち、育児休業を利用したかったが利用できなかった人の割合は三割にものぼり、実際の育児休業取得率五・一四パーセントとの乖離《かいり》が生じています。育児休業を利用しない理由としては、業務が繁忙で職場の人手が不足していた　育児休業を取得しづらい雰囲気だった、など職場の要因が理由の上位に多く挙げられています。（「平成29年度仕事と育児の両立に関する実態把握のための調査」三菱ＵＦＪリサーチ＆コンサルティング）

本書での取り上げた株式会社吉村の橋本久美子社長は、「女性の社会進出と男性の家庭進出はセット」と言います。

つまり、男性の育児休業取得者が増えない中での、女性活躍は、女性に負担が掛かるばかりです。そして、男性の育休が増えない理由が、まさに、企業の文化・風土、経営の考え方、マネジメントにあるのであれば、まさに、経営者をはじめとして、会社全体で変革を図る必要があることは言うまでもありません。

取り組み事例

「日本でいちばん大切にしたい会社大賞厚生労働大臣賞」を受賞したコネクシオ株式会社は、女性の育休取得率は九八パーセントですが、男性は七二パーセントと、厚生労働省調査の五・一四パーセントと比べると、圧倒的に一桁以上違う高い値になっています。詳しくは、『社員を大切にする会社ほど伸びる理由』（クロスメディア・パブリッシング）という本に、同社の取り組みだけを一冊にして書きましたので、ご覧いただければと思いますが、本書でも一部だけご紹介します。

同社は、携帯端末代理店を主な事業に行う会社ですが、携帯ショップのスタッフの仕事は、携帯キャリア会社間のシェア争いの中で、男性・女性関係なくハードです。携帯キャリア会社からの高いノルマ、長時間の接客対応、携帯端末が普及して成長期から成熟期に変わり、収益性が落ちてきたことから携帯端末以外の商品サービスも販売しなければならない等で、離職率も高く、不人気業種の一つになっています。しかし、同社では離職率は八・二パーセントと業界の中では圧倒的に低く、同業他社からの入社希望が絶えない会社です。

具体的には、法定を上回るレベルで多くの両立支援制度があります。時短、フレックス、適切なシフト制、テレワーク、変形労働制度などです。特に、変形労働制度の運用は見事で、事前の来店客予測を的確に行い、働く女性の育児や介護と仕事でのパフォーマンスを高めることを実現し、残業時間も一九時間と、こちらも業界平均をはるかに下回っています。

また、男女がともに子育てができるように、イクメン（育児を積極的に行う男性）やイクボス（部下や同僚の育児や介護、ワーク・ライフ・バランスに配慮や理解がある上司）づくりに熱心に取り組んでいます。さらに、産休前研修、育休者のオフ会、育休後復職者研修など、研修やセミナーを通して、全社員が安心して働けるようになっています。

こうした取り組みが、どのように生まれているのかが重要です。そのほとんどが、現場の声からです。全国三〇〇店以上ある携帯端末ショップのスタッフが、店長を中心に各職場で工夫改善をします。その改善内容を、全社に共有して、ＴＴＰ（徹底的にパクる）を合言葉に、他のショップもいい意味で真似をしているのです。その中で、全社的に取り組んだほうがいいことについては、主に、人事部多様性推進室で検討して導入します。

筆者自身、一冊の本を書き上げるに当たって、半年に渡り現場を取材しましたが、多くの提案が上がる理由は、売上・利益・生産性の向上が目的でなく、自分たちが働きやすくなるといったことを目的だからだと実感しました。

男女平等に関する取組みに関するチェックリスト

⑬経営者の親族以外の女性管理職（課長級以上）がいる
⑭全管理職に占める女性管理職の割合は三〇パーセント以上である
⑮賃金面や雇用面の男女の違いはない
⑯男女問わず平等に研修のチャンスがある
⑰女性だけにお茶出しや清掃の強要はない
⑱本人の意思に反して（本人が短時間勤務を望む場合等）、女性が産休復帰後、キャリアアップが望めない仕事に変わることはない
⑲ダイバーシティーを積極的に推進している
⑳各種資格取得補助制度がある

日本では、高度経済成長期に「夫は仕事、妻は家庭」という家族モデルが大衆化しましたが、一九九〇年代に入ると共働き世帯が増え始め、大きく意識は変わりました。
内閣府が定期的に行っている調査結果においても、「夫は外で働き，妻は家庭を守るべきである」という考え方（性別役割分担意識）に反対する者の割合（「反対」＋「どちらかとい

えば反対」）は、男女とも長期的に増加傾向にあります。また、同二〇一六年調査では、男女ともに反対の割合が賛成の割合（「賛成」＋「どちらかといえば賛成」）を上回っています。

一方、「夫が外で働き、妻は家庭を守るべき」に「賛成」または「どちらかと言えば賛成」で、男性はいまだに四四・七パーセントと半数近く、女性においても三七パーセントと三分の一以上の方が回答しています。働く女性の六割は非正規雇用で、既婚女性の年収は一〇〇万円前後に集中しています。まだまだ多くの女性が夫の扶養《ふよう》の範囲内でパートをしながら家事・育児をする昭和型の夫婦が多いことは、調査結果を見なくても、日常的に感じます。

このことは、どちらが卵で鶏かはわかりませんが、まだまだ家事・育児を男性と女性が共に分担しながら行うことができるような企業側の意識や環境整備ができていないことが影響しているかもしれません。

一方、日本女子大学現代女性キャリア研究所が行った調査では、興味深い結果が出ています。「子ども」以外で仕事を辞める離職理由として、第一位は「ほかにやりたい仕事があったから」。第二位は「仕事に希望がもてなかったから」。第三位は「病気・ストレス・けがなどの心身の不調のため」の順になっています。そして、転職先は初職時の勤務先規模に比べて小さい規模であり、経営的な基盤も年収も低いところにあえて再就職しているのです。

つまり、女性が会社を辞めたり転職する理由が必ずしも出産・子育てだけではなく、与えられている仕事内容や将来に対する可能性も大きな要因になっていることがわかります。また、ＩＣＴなど比較的歴史が短い業界は男女平等が当たり前になっていますが、逆に、歴史がある大きな会社の中には、まだまだ様々な面で女性のキャリアが男性同様のキャリアを積めない運営がなされているところもあります。

男女平等に関するチェックリストに挙げたような、出産・育児・介護に対する支援だけでなく、女性の自己実現を支援する取り組みも同様に重要なことは言うまでもありません。

取り組み事例

「日本でいちばん大切にしたい会社大賞経済大臣大賞」を受賞したＴＯＴＯ株式会社は、女性が大活躍する会社です。

同社は一九九一年のバブル崩壊以降、売上は大幅に落ち込みました。それまでは、大手ゼネコンにセールス、大型受注ができていました。その後、公共投資は抑えられ、民間の建設需要は落ち込んでいきました。そのため、比較的規模が大きくない工務店などに、セールスするようになりました。

日本の家庭において、TOTOの商品を購入するか否かの意思決定権は、主に奥様にあります。奥様の要望に応えるには、同性である女性の感性が必要になります。そのため、政府が女性活躍といったことを声高に言う前から、TOTOは「女性活躍推進」活動に取り組みました。「きらめき活動」と称して、生活者視点を活かして、付加価値を創造する活動と、まずは活躍しうる女性の数を増やすために営業部門において新入社員の入社段階から男女同比率五〇対五〇の採用方針を設定しました。

また、ショールームアドバイザーやコールセンター員からセールス職を経て、正社員登用も行いました。さらに、女性、障がい者、高齢者、派遣契約社員の登用を行うダイバー・シティ推進活動を展開します。こうした活動では、社長自ら全国の拠点を回り、女性の感性を生かした商品開発、奥様へのセールスの重要性を直接伝えていきました。さらに、女性社員の上司による個別面談、女性社員の部下を持つ上司社員のマネジメント研修など様々な取り組みをしてきました。その成果として、商品開発・企画・販売などのあらゆるシーンで女性人財の参画や活躍が当たり前化していったのです。

社員の要望・意見・相談を聞く体制に関するチェックリスト

㉑会社が契約する専門家（例：カウンセラー等）を活用できる

㉒要望・意見を気さくに聞いてくれる部署や担当者がいる
㉓正社員・非正社員など自分の希望で雇用形態を選択できる
㉔キャリア面談が定期的にされて、本人の希望に沿う努力をしている
㉕定期的に書面による社員満足度調査を実施している

育児休業を取得中の女性社員が、「復帰後の生活や今後のキャリアを考えると不安」「世の中から取り残されているようで、孤独感を感じる」「仕事の能力が落ちてしまっているのではないか」「育児だけでこんなに大変なのに、仕事との両立は本当にできるだろうか」といった思いを抱くのは、一年近くのブランクを空けるわけですから、復帰後の仕事や生活を想像するだけで不安になるのは当然です。

育児休業の産前・産中・産後、さらには、まだ子どもが小さく手間の掛かる時期に、身近で相談できる人がいることは、特に都会では核家族化が進み、近所付き合いも希薄になっている中で必要性が増していると思います。

一方、近年うつ病などのメンタル疾患者の増加に伴い、五〇人以上の会社には産業医の設置が義務付けられていますが、大手企業においても、育児・介護の専門窓口まで設置しているところばかりではありません。さらに、中小企業では専門家まで設置しているところは限られているでしょう。

もちろん、行政には、相談窓口を設置しているところがありますし、その利用率の低さを考えると、もっと行政は積極的にアピールし、まだ相談窓口を設置しきれていない特に中小企業に勤める方は、積極的に利用すべきだと思います。

しかし、会社の個別の事情は、会社に直接かかわっている人でなければわかりません。会社と連動し、直接契約する専門家（カウンセラー等）は、社員本人との個別事情に関しては、契約関係にある専門家であってもプライバシーのすべてを会社側に開示することはできませんが、傾向として社員がどのような悩みがあるのかの方向性については確認することができ、手を打つことができます。社内で気軽に要望・意見を聞いてくれる部署や担当者と社外の専門家の両方があれば、心強いに違いありません。

日本では、出産後、子育てと仕事のバランスを取るために、あえて非正社員を望む方もいれば、出産後は早く仕事に復帰して出産前のようにバリバリ働きたいという方まで様々です。正社員で働くことが幸せな方は正社員、逆に非正社員で働くことが幸せな方は非正社員といった希望を叶えてあげるのが、人を大切にする企業経営のあり方です。

そのためには、社員とのキャリア面談が定期的にされて、本人の希望に沿う努力をしなければなりません。また、誰が言ったかがわかる面談ではなく、匿名のほうが言いやすいこともあります。定期的に書面による社員満足度調査を実施することで、会社に言いにくい意見や要望が出せる環境整備も大切です。なお、社員満足度調査については、匿名性を担保するために、内部の人事部門が行うのではなく、費用が掛かっても外部を活用した方がいいでしょう。

取り組み事例

「日本でいちばん大切にしたい会社大賞審査員特別賞」の四国管財株式会社では、中小企業ながら「産業カウンセラー」を導入しています。

お客様係と代表取締役社長を兼務する中澤清一《なかざわせいいち》さんは、大学卒業後、小学校からの夢であった実家の清掃会社に就職しました。当時、社会的な地位が低いと見られていた清掃会社に第一希望で働きに来る人はいませんでした。中澤さんは、「社員やその家族が自慢できてお客様からも尊敬される会社」をつくろうと決意します。

しかし、理想と現実の間には大きな隔《へだ》たりがありました。そして、現場で働く社員の声をまったく聞けていませんでした。その結果、本部社員や現場のリーダーが無意識に心ない叱責でスタッフに心の傷をおわせてしまうなど、「パワハラ」的な事件が起きてしまいました。

従業員の心に寄り添うにはどういう知識やスキルが必要なのか、まさに会社を救いたい一心でたどり着いたのが「産業カウンセラー」です。同社が収集したクレームのデータを分析してみると、出所はほぼ決まっていて、特定のスタッフや現場に偏《かたよ》っていたそうです。ほとんど、精神的にまいっている人でした。

笑顔が素敵な社員から急に笑顔が消えたかと思うと、ミスを連発したり、休みがちになったりといったことがありました。夜間の勤務中に突然、人事不省《ふせい》に陥ったベテランのスタッフもいました。本人に聞いてみると、「子どもが不登校や子育てで悩んでいる。ご主人に先立たれて生きがいを失くしている」といった理由だったそうです。会社や上司が早く気づかなければいけないのに、社員の声を聞くどころか、逆に無神経な発言でさらに傷つけたりしていたなら、これはもう人災だったと振り返ります。

中澤さん自ら、「産業カウンセラー養成講座」を受講しましたが、罪悪感を覚えずにはいられませんでした。きっと自分もあちこちで部下を傷つけ、長く苦しめてきたに違いないと感じたのです。その後、役員も同講座を受講し、希望があった社員は産業カウンセラーの資格を取得したそうです。

その後、同社では、「自宅面接」も実施しました。自宅を訪問すると、会社では見えない素顔や生活の背景まで見えてくるからです。とりわけストレスがたまりやすい独りきりの現場で働くスタッフを採用する際には、かならず相手の家まで出向いて、自宅面接を行うそうです。

ワーク・ライフ・バランス

㉖有給休暇以外で本人や家族等のメモリアル休暇制度等の特別休暇制度がある
㉗月当たり残業時間は一〇時間以下である
㉘リフレッシュ休暇等、連続五日以上の休暇制度がある
㉙女性の有給休暇取得率は七〇パーセント以上である

ワーク・ライフ・バランスという考え方が生まれたのは、一九八〇年代のアメリカだと言われています。産業構造の変化により女性の活躍する職場が飛躍的に増えました。しかし、今の日本と同様に問題になったのが、女性の仕事と子育ての両立です。女性社員が子育てをしながら仕事を続けられるように、当時、企業が考えた支援策が、ワーク・ライフ・バランス支援の始まりだと言われています。その後、仕事とそれ以外の生活の調和は、必ずしも子どもがいる女性だけでなく、子どものいない女性や男性にとっても重要と考えられるようになりました。特に、日本では働きバチと揶揄《やゆ》されたように、ハードに働くことが評価される時代においては、貿易摩擦からの諸外国からの批判もあり、週休二日制の導入を皮切りに、労働時間の短縮が年々図られ、現在の働き方改革といった政策にも繋がっています。

人を大切にする経営学会の常任理事でもある北里大学の島津《しまづ》明人《あきひと》教授は、「健康」と

「パフォーマンス」の向上を一つの取り組みの中で実現しようという「ワーク・エンゲイジメント」の重要性を提言しています。働く人が「健康」であり、かつ「パフォーマンスが高い」状態はひと言でいえば、「いきいきと働ける」状態です。

いきいきと働いているということは、その仕事に熱中し、「夢中型の努力」ができているということです。それに対し、一生懸命仕事をしてはいるものの、嫌々ながらやっている人は「我慢型の努力」、つまりワーカーホリックの状態です。

前者の人たちが「I want to work」と考えるのに対し、後者の人たちは「I have to work」といった違いを伝えています。多くの社員が「I want to work」と考えられるようになれば、健康上の問題も起きず、仕事のパフォーマンスも向上するというのが、島津さんが提唱するワーク・エンゲイジメントの基本的な考え方です。島津さんは、わかりやすい例として、「大リーグで長年活躍してイチロー選手のようなアスリートは、休み方もうまい」と説明してくれます。

しかし、イチロー選手のような実績のある選手は、自己管理の中で調整できますが、会社に勤める社員には、数値的な目標、与えられた仕事の納期など、様々な制約条件があります。一方、ワーカーホリック状態になり、メンタル疾患になってしまったのでは、会社側も社員も不幸になってしまいます。ワーカーホリックにならないためにも、会社としても、チェックリストにあるような有給休暇以外で本人や家族等のメモリアル休暇制度等の特別休暇制度、月当たり残業時間についても注意を払い、リフレッシュ休暇等といった機会を設け、さらに、有給休暇取得率など、実際に制度が適切に運用されているかをしっかりとウォッチングしていく必要があります。

特に、子育て中の男性、女性にとっては、家族との大切な時間を確保するためにも、企業としての必要な配慮ではないでしょうか。

取り組み事例

「日本でいちばん大切にしたい会社大賞経済産業省賞」を受賞した未来工業株式会社の年間休日は年により前後しますが、概ね一四〇日程度です。さらに、年末年始は約二〇日連続でお休みになります。また、五年に一度の海外旅行の年では、一七〇日近い休みとなります。休みが多いということは、一日の労働時間が長いのかと想像しますが、なんと、残業禁止どころか残業罰金で始業時間八時三〇分から、終業時間一六時四五分になると全員が帰ってしまいます。昼休みの一時間と一〇時と一五時には一五～二〇分の休憩もしっかりとります。

以前は同社も他の製造会社と同じように、八時～一七時までの勤務でした。しかし、女性社員から「始業時間がもう少し遅いと朝の家事がラクになる」といった要望に応えて始業時間を三〇分遅らせました。ちなみに、なぜ終業が一六時四五分になったかというと、道路の渋滞がなく早く帰ることができ、買い物も夕食の支度も楽になるからです。

こんなに休みが多くて業績が心配になりますが、経常利益率は、安定的に約一〇パーセントと高収益の会社なのです。さらに、全員が正社員でパート社員は一人もいません。また、定年は七十歳で役職定年もなく、給料も七十歳まで上がり続けます。約一〇〇〇人もの社員が働く上場企業では、ありえないと思います。

休みが多い、労働時間が短い、七十歳まで全員正社員というコストがかかる経営を行いながら、経常利益一〇パーセントを成し遂げている理由は、「常に考える　何故・ナゼ・なぜ」の経営理念にあると思います。

未来工業は、年間の新商品の開発件数は三〇〇～五〇〇件。改良を加えると一〇〇〇件を超えます。それればかりか、これまで取得した特許や実用新案などは四〇〇〇以上で、トップシェア製品は数知れず、特許庁の意匠登録件数では大手メーカーと肩を並べて毎年上位二〇社に入るなど、開発力も群を抜いているのです。つまり、時間ではなく、知恵を出し、付加価値を高めているのです。

関係者を大切にする経営姿勢

㉚業績重視ではなく、関係する人々の幸せを優先した経営である
㉛経営はガラス張りであり、全社員に情報の共有化がなされている
㉜人間ドックやインフルエンザ予防接種費用の補助している
㉝生理休暇（法律で定められている）が取得しやすい環境である
㉞本人の誕生日はもとより家族の誕生日に何らかのプレゼントをしている
㉟社員同士の飲み会等への金銭的な補助がある
㊱地域活動やボランティア活動を奨励している
㊲社員食堂や休憩室は快適である
㊳温水便座のトイレがある
㊴職場内に女性専用の化粧室・洗面台がある

本書の執筆と取りまとめを行っている「人を大切にする経営学会」会長の坂本光司は、四〇年間で全国（海外も含め）八〇〇〇社以上の企業を実際に訪問した結論として、「関係者の永遠の幸せの追求」が企業の目的であり、あるべき経営姿勢であると、長年に渡り繰り返し、次のように言ってきました。

企業の目的は売上利益の追求ではなく、五人の永遠の幸せの追及である。

社員とその家族、社外社員とその家族、お客様、地域社会、株主。手段である売上・利益を追求し過ぎると誰かが不幸になる。

関係者を大切にする経営姿勢に関するチェックリストは、そのことを確認する内容になっています。必ずしも女性に関するものだけではなく、男性女性関係なく、関係者の中で、最も大切にすべき社員とその家族に関するものです。

仮に、産休などの女性の働き方を支援する制度や風土はもちろん重要ですが、たとえこれらが、充実していたとしても根本的に、経営姿勢が間違っていれば、社員は安心して働けないどころか、持っている力を十分に発揮できないからです。

経営者に、「社員を大切にしていますか？」と聞けば、その多くが「大切にしています」と答えるでしょう。しかし、社員に、「私たちは大切にされている」といった実感がなかったら、モチベーションが上がらないどころか、辞めてしまうかもしれません。

会社の情報公開は、社員が経営者への信頼を高める上でも最も効果的な手段です。社員の給料が低いのに、経営者が常識を超えた報酬を得ている会社もあるため、もし経営情報が開示されていなかったら、社員には、たとえ適正な経営者の報酬であったとしても、猜疑心《さいぎしん》が生まれるのは致し方がないことです。

日本でいちばん大切にしたい会社大賞の審査項目には、「社員の幸福、満足向上のた

め の取組み」が入っています。また、現地審査で必ず行うのが、社員食堂や休憩室とトイレです。なぜなら、こうした取り組みに、その会社が、何を大切にしているのかが現れるからです。ちなみに、筆者の一人である藤井が経営する会社に来ているインターンシップ兼アルバイトの女子大生は、ほかにも多くの面接で企業訪問しますが、温水便座でないトイレには入社希望しないと言っています。

少し脱線しますが、調査結果によれば、温水便座は高齢者であるほど好む傾向にあります。一方、若い世代が温水便座を挙げているのは衛生面です。温水便座を設置するだけでなく、絶えず衛生的に清掃がなされていることが重要です。藤井も一〇年以上にわたり毎年一〇〇社以上の企業訪問研究を継続していますが、トイレがキレイなところは、例外なくいい会社だといいます。一事が万事で、その会社の経営姿勢が表れているのではないでしょうか。

取り組み事例

会社経営では売上や利益を上げることが目的であり、当たり前のように考えられています。しかし、伊那食品工業株式会社では、経営の目的は、社員をはじめとしたかかわる人（社員とその家族、お取引先とその家族、お客様、地域住民等）を幸せにすることであり、売上や利益はそれを実現するための手段に位置づけています。つまり、経営に関する基本的な軸を、売上や利益といった経営効率ではなく、関係者の幸せに置いているのです。景気など外部環境に左右されることなく、急成長ではない着実な成長を重ねていく「年輪経営」が、同社の経営の基本的な考え方です。

中興の祖である塚越寛最高顧問の人生観の背景には、大学進学を目指していた高校時代に肺結核になり、三年間、病床で過ごすことを余儀なくされたことにあります。多感な思春期に、その苦悩と向き合わざるをえなくなったことで「生きるとは何か」「幸せとは何か」を考え続けることになりました。人生に与えられた短い時間を、すべて幸せに過ごしたい。職場でも家庭でも、通勤中でさえもすべて同じで、一度きりの人生の時間を大切にしなければならないといった人生哲学が形成されたと言います。

塚越さんは、売上や利益は「幸せになる」ための手段であり、目的ではないということを繰り返し言います。同社の成長の定義として「働く職場環境、会社のイメージがよくなった」、究極の目的として「社員の幸せ実感が上がること」に重点を置いています。

無理をして過剰な売上・利益を求めるあまり、働く社員が疲弊《ひへい》するのであれば、本末転倒です。無理して多くの売上・利益を出して、具体的に誰が幸せになるのかと、塚越さんは警鐘を鳴らします。さらに、社員に誕生日会を実施するなども大事なことですが、最も重要なのは、今だけでなく将来も安心して働いて生活できると社員が感じられることだと言います。

同社では、毎年実施する国内外への社員旅行の費用負担、転勤先の住宅手当の負担、がん保険料の負担、高い利息が付く社内預金制度など様々な制度があります。さらに、社員の安全を第一に考え、全国の支店や営業所は地震や火災の危険性が低い高級住宅街の中にわざわざ建てています。地価はもちろん高いですが、社員の命が何よりも大切だと考えているからです。

同社では、関係者を大切にする経営姿勢に関連するチェックリストのほとんどを満たしています。こうした経営姿勢がモチベーションに繋がり、安定的に成長しているのでしょう。

経済的に不安がなく安心して働けるチェックリスト

㊵賃金やボーナスは地域や業界の平均以上である
㊶給与や昇給は極端な成果主義ではない
㊷女性の育児や介護休暇取得時にも何等か（給与・保険等）報酬が得られるように配慮されている
㊸借り上げ社宅制度、またはマイホーム購入支援制度がある

㊹雇用形態を問わず働きたい社員は何歳でも働ける

㊺六十六歳以上の継続勤務でも賃金は定年前の四〇パーセント以上保証されている

子育てと家計は密接に関係しています。日本では、少子化が社会問題となっています。事実、一家族当たりで「理想の子どもの人数」と「実際に予定している子どもの人数」の差を見てみると理想に対して実際の数がかなり少ないのが現状です。

二〇一五年に国立社会保障・人口問題研究所が実施した第一五回「出生動向基本調査」では、子どもを作らない一番の理由が「子育てや教育にお金がかかりすぎるから」の五六・三パーセントで、二番目の「高年齢で産むのはいやだから」の三九・八パーセントを大きく引き離し、経済的な理由が大きな要因になっています。低賃金や収入が不安定では、安心して子どもが産めないことは、容易に想像できます。

「日本でいちばん大切にしたい会社大賞」で表彰されるような会社は、チェックリストにあるように、賃金が地域や業界の平均よりも高い企業が多く、また極端な成果主義を取ることがない（基本賃金以外で成果に応じた特別報酬などを実施している企業もある）ため、安定した収入が見込まれることで安心して子どもを産み育てる環境があります。また、直接の賃金とは別に、様々な支援制度を設けることにより、出産と子育てを支援しています。

取り組み事例

「日本でいちばん大切にしたい会社大賞実行委員会賞受賞」のダイニチ工業株式会社は新潟に本社を置く社員五〇〇名の石油ファンヒーターの中堅メーカーです。エアコンが主流になり、大手が撤退する衰退市場の石油ファンヒーターでシェアトップのメーカーです。同社では、ハイドーゾ（注文があったら生産する方式）を採用しており、大手量販店の端末で受注入力すると、在庫がなくてもわずか四時間で完成品を作れるといった生産方式を実現しています。

しかし、こうした競争力のある生産方式だけが同社の強みではありません。急に寒くなった時の大量の注文を実現することができるハイドーゾ生産方式を支えているのは社員のモチベーションの高さです。製造業は低コスト国との競争のため、日本のメーカーで働く多くが、人件費を抑えるために非社員で構成されています。一方、同社では、正社員率九〇パーセント以上であり、さらに、離職率二パーセント以下です。

数多くある取り組みの中で、女性に関するものについて紹介します。

何かとお金がかかる出産時での出産祝い金は、一人目三〇万円、二人目四〇万円、三人目以降は五〇万円です。さらに、社員の子どもの小学校・中学校・高校の入学祝い金で二〇万円が支給されます。

子育て中の女性社員専用に負担が掛からない生産ラインがあり、育児中の社員は一六時に帰ることがでるので、家事や育児を無理なく行うことができます。また、妊娠中の女性社員には、マタニティー専用職場で座りながら働けるラインもあります。

人事制度は、年功序列で安心してマイホームを購入することができます。また、以前に訪問した際に、代表取締役社長の吉井久夫《よしいひさお》さんに直接、「社員が困っていることを突き詰めて考えてみると、その多くが、経済的な面で解決できると思う」と言われました。そして、自身が六十五歳の年金を受け取る年齢になったとき、年金だけでは安心して働くことができないのではないかと感じ、六十六歳以上の社員に対しての処遇面にも手を打っています。経済的に安心して働くことができる環境を整えることで、女性活躍だけでなく、社員の幸せを高めることに繋がり、結果として業績も向上しているのです。

女性活躍推進の成果に関するチェックリスト

㊻女性の転職的離職率は三パーセント以下である
㊼女性社員比率は三〇パーセント以上である
㊽育児休業取得後の復帰率はほぼ一〇〇パーセントである
㊾女性のロールモデルが会社内にいる

㊿社員の子どもや友人等が働いていたり、就社させたいといった希望がある

これまでの①～㊺までは、女性活躍推進の企業としての取り組みですが、㊻～㊿までは女性活躍推進の成果に関するものです。「女性の離職率」「女性社員比率」「育児休業取得後の復帰率」「女性のロールモデルがいる」といったことに加えて、なによりも「社員の子どもや友人等が働いていたり、就社させたいといった希望がある」ということは、まさに、女性がその会社で働きやすいと認めている証です。

本書の第二章で紹介した一〇社は業種などによって点数こそバラつきがある（たとえば製造業や建築業などにおいては業界全体としてどうして弱い部分がある）ものの、必ずしもすべてではありませんが、「男女平等についての取組み」や「人を大切にする経営姿勢」などの経営者として最も求められている分野で多くの項目でＹＥＳにチェックが入ります。また、制度などでチェックが入らなくても、従業員に寄り添って実質は運用で柔軟に対応しているのです。そして、何よりもそこで働く女性たちが会社に満足し、いきいきと働いている様子がうかがえます。

ぜひ、本書の巻末にある女性活躍推進チェックリストを、自社に当てはめてつけてみてください。

コラム 3

女性差別と解決策

一九八〇〜九〇年代は、多くの会社で女性がお茶くみ、夜の会では女性がビールを注《つ》ぐといったことについて、疑問を持たずに行われていました。私自身、当時は女性が差別されていたことについては鈍感だったように思います。しかし、思い返せば企業を訪問すると、お茶を運んでくるのは女性がほとんどでした。中小企業では当たり前、また比較的歴史がある大手企業でもそうした傾向が強かったように思います。その後、世の中では、男女雇用均等法をはじめ、女性の地位向上のための法律も徐々に整備され、世の中の価値観も少しずつですが変わっていきました。

しかし、今でも、地方行政の長が職員へのセクハラで辞職するといったニュースが流れると、まだまだ十分ではなく、時代錯誤のような行為が当たり前に行われています。さて、女性差別は、会社だけでなく、家庭でも、街の中でも当たり前に行われていますが、少し具体例を挙げてみたいと思います。

■女性は、家事・子育て、男性は仕事といった分業意識が根強く残っている。

■昇進昇格・給与格差が残っている。（第一章で解説）

■ハラスメント〜マタハラは、女性特有、セクハラについても圧倒的に女性が被害者になるケースが多い。

■性犯罪の被害者もセクハラ同様に圧倒的に女性が多い。

他にも数多くあるでしょう。独身女性の美を競うミス・コンテストなどは、女性差別だけでなく、年齢、未婚・結婚など様々な差別があると言われています。最近、一部ミスター・コンテストも出てきているものの、女性のように世界大会が行われるようなものでなく、女性を性的な対象として評価する差別であるといった意見もあります。

逆に、男性としても、男女の違いで、不快に感じることも生活をしていることもあります。

男性トイレに女性が掃除に来たり、男風呂に女性が掃除に来たりするのは、時々、抵抗を感じることがあります（逆であれば大問題になる）。また、朝、慌てて電車に乗ったら女性専用で白い目で見られたこともありました。また、小売店やサービス業でのレディースデーに不満を持った男性もいるでしょう。

一方で育児休暇に目を向けると厚生労働省の調査では女性の取得率は八三・二パーセントであるのに対し、男性は五・一四パーセントとかなりの開きがあります。これは、会社側の意識も、まだまだ、女性は育休を取るのはやむを得ないが、男性が取るのはどうか？　といった意識があるかもしれません。

では、どうすればいいかですが、まずは現状を明らかにし、課題を見つけ、それに対する解決策を考えるしかありません。なぜなら、女性差別の問題は、社会の意識、法律、企業経営の考え方などがお互いに影響しているからです。第一章で上げた女性の管理職比率、国会議員の男女比など、男性が意思決定の主役であれば、どうしても男性目線での検討と意思決定がなされるからです。

たとえば東京医科大学が医学部医学科の一般入試で女子受験者の得点を一律に減点し、合格者数を制限していたことが判明し、女性差別への批判を呼びました。しかし、女性医師対象のウェブマガジン「joy.net」を運営する医師向け人材紹介会社エムステージが行った同サイトの会員を中心に行った緊急アンケートでは、大学の対応を「理解できる」「ある程度は理解できる」と回答した医師が六五パーセントに上っていることから、その根の深さがわかります。

つまり、医療の現場における仕事を考えると、まだ、女性が男性同様に働ける環境にはなく、さらに女性の希望する分野が、眼科や皮膚科などの特定の領域に偏ってしまいがちだからだというのです。もちろん、差別は、あってはならないことですが、総合的に考える必要があることがわかります。

多くの人が、女性差別の問題について、それぞれの立場から考えて議論を重ねていき、少しでも女性差別のない社会になっていけたらと思います。

（参考資料）
「厚生労働省平成二八年度雇用均等基本調査」の結果概要
ダイヤモンドオンライン二〇一八年九月三日号

第四章

女性活躍推進の八つの要素

最後に、女性活躍推進の八つの要素を整理したいと思います。

女性活躍推進は、一つのことを実行するだけでは難しく、多面的で一貫性のある取り組みが必要になります。なぜなら、それぞれの要素だけでは、必要条件であるとしても十分条件ではないからです。また、八つの要素がバラバラであればどこかに歪《ゆが》みが生じてしまうからです。

それでは、それぞれの要素の意味合いを確認していきましょう。

一．トップの強いコミットメント

チェックリストにあるように、中には制度の変更など、会社全体で取り組まなければならないこともあります。現場の管理者だけが孤軍奮闘しても、大きな成果にはつながりません。まずは、経営者が、「女性の活躍推進宣言」をして、旗振りをすることが出発点です。

特に、男性社員が家事・子育てができない理由は、長時間労働です。仕事から帰ると、すでにお子さんが寝ているといった状況ではいつまで経っても女性への負担は軽減されません。残業の原因は、単に管理者のマネジメントや職場風土の問題だけではありません。お客様や取引先などが要因のことも多く、抜本的に改善するためには計画的にビジネスモデルを変えていく必要があります。そうしたことができるのは、まさに、トップマネジメントしかありません。まずは、トップマネジメントの強いコミットメントが不可欠です。

二．職場の風土改革

女性活躍の取り組みとして、育休をはじめ、その他の制度面に焦点が当たっていますが、中小企業にとっては制度を整えることだけでなく、風土改革が重要です。むしろ中小企業が、大企業が整備しているような制度を導入すればするほど、逆効果になることもあります。

本書の中でも紹介した会社の中であった実例として、休暇制度を充実したところ、会社が最も忙しい時に休むのは非常識と批判があったそうです。そこで制度を廃止し、カレンダーに「子どもの運動会」といった個々の事情を書き込むようにしました。すると、社員の間で「明日、お子さんの運動会でしょ。早く帰りなさいよ」と助け合いの風土が醸成されたそうです。このことは、大企業・中小企業にかかわらず、制度と風土はセットで検討していくことが重要なのです。

三．男性・女性社員の意識改革

「女性本人が管理者になりたがらないんですよ……」という言葉は、多くの経営者から聞かれます。この点については、女性だけでなく男性も同様で、管理者になりたがらない人が増えている傾向にあります。

また、女性のロールモデルがあったとしても、スーパーウーマンでバリバリに仕事をこなす方ばかりでは、自分にはできないと感じてしまいます。大手企業であれば、直属の管理者や専門部門のスタッフ、中小企業であれば経営者や幹部が男性・女性社員とのキャリア面談を繰り返し、自己実現ができるように相談に乗ってあげることが重要です。また、百聞は一見に如かずで女性活躍を推進している会社へ訪問して、経営者の当事者に、お話を聞いたり、現場を見せていただくことも参考になるでしょう。

本書で取り上げた株式会社吉村の橋本社長の「女性の社会進出には、男性の家庭進出が不可欠」という言葉は、女性社長らしい実感がこもった言葉ですが、基本的には男性・女性社員の両方の意識改革が重要になることは言うまでもありません。

四．管理職の意識改革

管理者の年齢によりますが、ジェネレーションギャップがあるのが普通です。特に、モーレツに働いてきた世代と、二十代〜三十代の世代では、価値観が大きく異なります。そのため、時代が変わったと頭でわかっていたとしても、仕事が忙しい時に、育児のために早く帰宅する社員を心から認めることに無意識の抵抗を覚えてしまう方も少なくないのではないでしょう。

管理者自身に、男女の思考の違いや特性を踏まえた女性社員のマネジメントスキルを高める取り組みやハラスメントの知識、仕事のアサイン、評価方法、基本的な法律の知識などや、ワーク・ライフ・バランスの意義なども十分に理解を深める取り組みも重要です。

五．継続就労環境整備

女性活躍推進のチェックリストのところで詳しく書きましたが、継続就労環境整備に関しては、働く時間の短縮や時間帯の柔軟性、ベビーシッター代金支援やその他の育児サポート、配偶者の転勤や介護事情による勤務地の変更、キャリア選択制度の導入、社員およびパートナーを対象とした仕事と生活の両立支援の勉強会の実施、配偶者が出産した社員本人と上司に対して中小企業では経営者（大企業であれば人事）からの育児休業取得の勧奨《かんしょう》の働きかけ、といった女性が継続就労できるように環境を整えることが重要です。

もちろん、費用が掛かるものもあり、限度はありますが、前述のようにあまり知られていない公的支援もありますので、活用を検討してみる価値はあると思います。

六．配置・育成

女性社員の配置に関しては、できるだけ女性社員の希望を聞き入れてあげることが重要です。出産・子育ての環境に応じて、負担が軽減されるような配置をすることが重要です。以前、比較的伝統的な会社で多かった「女性が事務スタッフ」といった狭い範囲ではなく、思い込みを持たずにラインにおける活躍も視野に入れるべきだと思います。

北海道帯広市で路線バス事業を展開する十勝バス株式会社では、女性バス運転手が活躍しています。大型の路線バスの運転手はまだまだ男性中心ですが、ロールモデルができると、「女性が大きなバスを運転することはカッコいい」とバス運転手を希望する方も増えたそうです。

同じく、岡山には、両備グレースタクシー株式会社という女性ドライバーが中心のタクシー会社があります。女性のお客様の病院の送り迎えや、ご高齢の方の買い物支援など、同性同士の方が話しやすいと評判です。

従来から、病院、美容院などでは、女性の管理職がいるのは当然です。一方、男性が多い職場では、どうしても女性社員の比率も低く、母数が小さいために管理職が少ないのは致し方がないと思います。

また、管理職というと、総合職をイメージしがちで、女性からしてみれば、「あんなに大変な仕事はできない。管理者は、一部のスーパー・キャリア・ウーマンだけ、子育てをしながらでは難しい」と感じるかもしれません。将来的には、男性女性が関係なく管理職として環境が整備されるのが望ましいのは言うまでもありません。しかし、環境が整備されない中で、女性管理職の数値目標パーセントを追うようなことでは、うまくいくはずがありません。

そうした中、専門職の女性管理者の登用の可能性を検討してみたらいいのではないでしょうか。「女性だからできない」という思い込みで判断せず、「女性にできない仕事はない」という考え方のもと、まずは本人に確認することが重要です。

ペア制導入や社員のスキルインベントリーを日頃から作成しておくことも有効です。ペア制は一つの仕事を二人以上で共有化することで、お子さんの病気などの際にも仕事に支障をきたすことなく、安心して休んで対応することができます。

「日本でいちばん大切にしたい会社大賞中小企業庁長官賞」の清川メッキ株式会社の職

場の壁には、社員が、どの仕事ができるかの一覧表が張ってあります。このことにより、誰に、今の仕事を頼めばいいかが一目瞭然でわかるのです。

また、管理職になるのが不安な女性社員のために、「女性管理者候補育成」をテーマとした研修を組むことも必要です。

七．積極登用や評価

数値ありきで無理やり女性管理者をつくることは、好ましくはありません。しかし、まったく目標や計画を持たなければ、いつまで経っても女性活躍の場は広がりません。無理のない採用から登用までの目標設定を行い、逆算して取り組んでいくことが重要です。

産休・育児休業・介護休業等による休職中の人事評価を行わずに復職後の昇級審査には休業前の評価を通算する制度に改定するなど、産休・育児休業・介護休業が不利にならないようにすることも重要です。

人事評価・配置・処遇について、上司を介さずに中小企業では経営トップに、大企業では人事部門へ直接相談できる仕組みなど、女性に不利益が発生しないような対策を講じるなども、必要に応じて実施すべきです。

人事評価の決定も、管理職が参加する「評価会議」によって決定することで評価基準・プロセスをできるだけオープンにし、納得性と透明性を高めることになります。その結果、男女を問わず公平な登用・昇格の機会を提供することで、数字ありきではなく、結果として管理職の女性比率が年々増加していくことに繋げることが重要です。

八．人を大切にする経営の実践

女性活躍推進度チェックリストの中には、必ずしも、女性活躍といったことに限らない項目も少なからず含まれています。

なぜなら、女性活躍のために、様々な取り組みを行ったとしても、根本の経営の考え方が、売上・利益を目的とした経営を行っていたのであれば、女性活躍に関するすべての取り組みが、表面的なものとなり、やがて綻《ほころ》びが生じることが目に見えているからです。

「ブラック企業」といった言葉が生まれ、本が出され、映画化もされました。その後、反対語として「ホワイト企業」といった言葉も生まれました。しかし、ホワイト企業と言われるような会社には、自社の福利厚生が充実していても取引先に厳しい企業もあり、疑問に思うことがあります。自社が多額の利益を得ながら、協力会社のほとんど利益が出ていないとしたら、ホワイト企業と言われてもピンときません。

日本でいちばん大切にしたい会社大賞の質問項目は、「社員とその家族」「社外社員（取引先・仕入先・協力会社）とその家族」「お客様」「地域・社会（とりわけ社会的弱者）」「株主」の五者に関することを細かく審査し、財務諸表も五年間確認しています。

また応募の前提として、過去五年以上にわたって、次の六つの条件にすべて該当していることと厳しい条件を設定しています。

1. 希望退職者の募集など人員整理（リストラ）をしていない
2. 仕入先や協力企業に対し一方的なコストダウン等していない
3. 重大な労働災害等を発生させていない
4. 障がい者雇用は法定雇用率以上である

注1：常勤雇用五〇人以下の企業で障がい者を雇用していない場合は、障がい者就労施設等からの物品やサービスの購入等、雇用に準ずる取り組みがあること

注2：本人の希望等で、障がい者手帳の発行を受けていない場合は実質で判断する

5. 営業利益・経常利益ともに黒字である（NPO法人・社会福祉法人・教育機関等を除く）
6. 下請代金支払い遅延防止法など法令違反をしていない

企業にかかわるすべての関係者が、大切にされていると感じるのが、本当の「人を大

切にする経営」を実践していると言えるのではないでしょうか。

「誰かの犠牲の上の利益は、欺瞞《ぎまん》である」

自社の取り組みが、関係者すべてにとって、大切にされていると感じるものかをしっかりと確認することが重要です。そのために、社員幸福度・満足度調査、協力会社・仕入先満足度調査、顧客満足度調査、地域・社会満足度調査などの実施が重要でしょう。なぜなら、経営者が「関係者を大切にしている」と思っていたとしても、必ずしも社員を始めとする関係者が、「大切にされている」と感じているとは限らないからです。

「己の欲せざる所は人に施す勿《なか》れ」（孔子『論語』）

「人にしてもらいたいと思うことは何でも、あなたがたも人にしなさい」（キリスト）

確かに多くの場合は、そうでしょう。しかし、男性と女性では欲することが違うだけでなく、まさに多様（ダイバーシティー）です。必ずしも経営者がよかれと思ってやっていることが喜ばれているとは限らないからです。

最後に、本書でも掲載し、「日本でいちばん大切にしたい会社大賞審査委員特別賞」受賞企業のモリワキ株式会社の社員食堂に掲示されている社員教育を担当する森脇正子さんが書いた色紙には、次のような言葉が書かれています。

「人間は自分が1日中考えている通りの人間になる」

この言葉を、企業経営に当てはめると、

「会社は、経営者がいつも考えているような会社になる」

まさに、同社を訪れると経営理念の「やさしい会社をつくりましょう。ひとりひとりを大切に」を本書で一部をご紹介したように様々な取り組みで確認することができます。

本章で女性活躍推進には八つのポイントで紹介したように、様々な側面から全社的に取り組む必要があります。

マザー・テレサの言葉に、「愛とは、大きな愛情をもって小さなことをすること」というものがあります。女性活躍推進、さらに企業経営に当てはめれば、大きな目的・志があり、それを少しずつ積み重ねていくことが大切です。

まず、小さな取り組みからスタートし、それが広がる事によって、いつか大きな目的・志も達せられると考えています。

経営者をはじめとする関係者が、様々な制約条件があったしても、まずはマインドセット（決意）し、具体的な取り組みをスタートする必要があります。

本気で「女性活躍推進」に取り組む会社が増えることで、やがて、「女性活躍」といったことを考えなくて、当たり前に女性がいきいき働いている会社が、日本中に広がることになればと心から思います。

おわりに

本書では、業種・地域・規模にかかわらず、女性が実際に活躍している企業の事例と、女性が活躍するためのチェックリストなどを通じ、女性がいきいき働くための「あり方」と「やり方」を紹介してきました。

これから女性が、これまで以上に社会参加をしていくことが求められています。事実、厚生労働省が出した試算によると、二〇四〇年まで経済成長がゼロ成長で推移し続け、なおかつ女性や高齢者の社会参加が進まないと仮定した場合、二〇四〇年の就業者数は二〇一七年に比べて一二八五万人減り、五二四五万人にまで減少するとされています。さらに、減少幅が大きいのは三十～五十九歳の層で、まさに働き盛りの世代で減少が進みます。

一方で、経済成長がプラスで推移し、なおかつ女性や高齢者の社会参加が進むと仮定した場合、二〇四〇年の就業者数は六〇二四万人となり、二〇一七年に比べて五〇六万人の減少にとどまるとされています。

これまでの男性十五歳～六十四歳までの生産年齢人口を中心とした経済社会が限界にきていることは明らかで、それを食い止めるために、女性のさらなる社会参加が求められていくことは間違いないことです。

これまでの工業化社会、ハード優先型社会、成長優先社会においては、活躍の場も限られ、十分に活かされてこなかった女性が、これからますます進展するソフト・サービス化社会、人間最優先社会においては、その共有面・需要面においても、新たな主役となり、女性が活躍する社会が新たな前提になっていくと考えられます。また企業経営においても、生活者の感性や感覚が、よりいっそう求められるようになります。その点からいっても、男性よりも女性の視点がますます重要となり、女性が活躍できる場面がもっともっと増えていくことは間違いないと思います。

女性には、男性が代わることができない妊娠・出産があるものの、多くの女性は基本的に復職することを望んでいます。妊娠・出産をするまでは、会社の中で求められる職務・職責を果たして、会社の力となっていた女性社員。それだけ戦力となっていた女性が、出産を終え、会社に戻ってきてくれることほど、会社にとって嬉しい・幸せなことはないはずです。また女性社員たちも、自分たちが求められている場所に戻り、活躍できることを望んでいます。

本書で紹介した企業は、いずれも、いかに儲けるかという業績を軸にした視点ではなく、社員を含めて、その会社に関わってもらっている人々をいかにして幸せにするかという幸せを軸にした視点が追求されています。また、それぞれの事業にあわせた多種多様な働き方が用意され、社内にはお互い様という風土も醸成されるなど、ハード・ソフト両面からの支援が図られていたのです。

まだまだ多くの会社では、会社の都合に社員の働き方を一方的に合わせていて、女性の社会参加を阻害する要因が多いのが現状です。それでも、本書を読まれた方が、女性により活躍してもらうためには、あり方・やり方を含めて、もう一度考えていただくきっかけになればと思っています。

二〇一九年三月吉日

坂本光司
藤井正隆
坂本洋介

Aランク＝80点以上　Bランク＝70~79点　Cランク＝50~69点　Dランク＝49点以下

指標項目	YES	NO
ワークライフバランス（男女問わず）		
㉖ 有給休暇以外で本人や家族等のメモリアル休暇制度等特別休暇制度がある		
㉗ 月当たり残業時間は10時間以下である		
㉘ リフレッシュ休暇等、連続5日以上の休暇制度がある		
社員の要望・意見・相談を聞く体制		
㉙ 会社が契約する専門家（例　カウンセラー等）を活用できる		
㉚ 要望・意見を気さくに聞いてくれる部署や担当者がいる		
㉛ キャリア面談が定期的にされて、本人の希望に沿う努力をしている		
㉜ 定期的に書面による社員満足度調査を実施している		
人を大切にする経営姿勢		
㉝ 業績重視ではなく、関係する人々の幸せを優先した経営である		
㉞ 経営はガラス張りであり、全社員に情報の共有化がなされている		
㉟ 賃金やボーナスは地域や業界の平均以上である		
㊱ 給与や昇給は極端な成果主義ではない		
㊲ 雇用形態を問わず働きたい社員は何歳でも働ける		
㊳ 66歳以上の継続勤務でも賃金は定年前の40%以上保証されている		
㊴ ダイバーシテイを積極的に推進している		
㊵ 本人の誕生日はもとより家族の誕生日に何らかのプレゼントをしている		
㊶ 地域活動やボランティア活動を奨励している		
㊷ 社員同士の飲み会等への金銭的な補助がある		
㊸ 社員の子供や友人等が働いていたり、就社させたいといった希望がある		
㊹ 各種資格取得補助制度がある		
㊺ 借り上げ社宅制度、またはマイホーム購入支援制度がある		
㊻ 人間ドックやインフルエンザ予防接種費用の補助している		
女性活躍推進取組みの成果		
㊼ 女性の転職的離職率は3%以下である		
㊽女性社員比率は30%以上である		
㊾ 女性の有給休暇取得率は70%以上である		
㊿ 女性のロールモデルが会社内にいる		
合計		

女性の働きやすさ指標アンケート

2×50＝100点

指標項目	YES	NO
子育て·介護支援		
①企業内託児所、または会社が契約した企業外託児所がある		
②育児や介護のための時間休暇や時間差出勤ができる		
③女性の育児休業取得比率は90%以上である		
④男性の育児休業所得者がいる		
⑤介護休暇取得者比率は80%以上である		
⑥育児休業取得後の復帰率はほぼ100%である		
⑦小学校3年生までの育児短時間勤務ができる		
⑧子供の病気などの際、会社や職場に気兼ねしないで休むことができる		
⑨介護サービスの利用補助制度や保育料の補助がある		
⑩ベビーシッター活用についての補助がある		
社員の事情を踏まえた働き方の自由度		
⑪在宅勤務またはサテライトオフィスで仕事ができる		
⑫正社員·非正社員など自分の希望で雇用形態を選択できる		
⑬家族にケアーが必要な人がいる場合の働き方に配慮している		
男女平等についての取組み		
⑭経営者の親族以外の女性管理職（課長級以上）がいる		
⑮全管理職に占める女性管理職の割合は30%以上である		
⑯賃金面や雇用面の男女の違いはない		
⑰男女問わず平等に研修のチャンスがある		
⑱女性だけにお茶出しや清掃の強要はない		
⑲本人の意思に反して（本人が短時間勤務を望む場合等）、女性が産休復帰後、キャリアアップが望めない仕事に変わることはない		
女性の特性を踏まえた環境整備		
⑳女性の育児や介護休暇取得時にも何等か（給与·保険等）報酬が得られるように配慮されている		
㉑ 女性社員の残業や会議などの際、家庭の事情の欠席がゆるされる		
㉒ 職場内に女性専用の化粧室·洗面台がある		
㉓ 生理休暇（法律で定められている）が取得しやすい環境である		
社員の働く環境		
㉔ 社員食堂や休憩室は快適である		
㉕ 温水便座のトイレがある		

「人を大切にする経営学会」のご案内

◎設立趣旨

～活力に満ち満ちた企業や社会にするために～

厳しい経済環境の中、全国には好不況を問わず高い業績を持続している企業があります。その企業らの最大級の特長は、「企業に関係する人々の幸せを最重視した経営学の実践」です。

業績重視・技術重視・シェア重視といった経営ではなく、人の幸せを重視する経営の実践こそが、結果として企業に安定的な好業績をもたらすという経営学の普及・深化は、単に産業界の経営の在り方だけではなく、広く医療関係者や、産業支援機関関係者に多大な影響を与えるものと考えます。

私たちは「人を大切にする経営学」をなお一層深め、その理論化・体系化を研究するために「人を大切にする経営学会」を設立しました。

◎事務局　〒１０２‐００７３　東京都千代田区九段北１‐15‐15瑞鳥ビル２階

TEL（03）６２６１‐４２２２　E-mail:info@htk-gakkai.org

サイト検索　http://www.htk-gakkai.org/

◎活　動　1年1回、年次大会（全国大会）の開催

「日本でいちばん大切にしたい会社大賞」表彰開催

全図支部会の開催（北海道～沖縄　11支部）

人を大切にする経営に関する調査研究

毎週月曜日「学会メルマガ」発行

毎月「学会インターネットTV」の配信　他

◎会　員　会員は国内外の経営者及び社員・研究者・弁護士・公認会計士・税理士・経営コンサルタント・社会保険労務士・産業医・企業家・大学生・大学院生など、学会の趣旨に賛同する機関及び人。

◎会　費　（1）個人会員年間1万円　（2）賛助（団体）会員年間5万円

「日本でいちばん大切にしたい会社」大賞募集のお知らせ

自薦・他薦、いずれも可です。ぜひご応募ください。

表　彰　経済産業大臣賞（企業規模を問わず最も優秀と認められる会社）1件
厚生労働大臣賞（企業規模を問わず特に従業員を大切にしていると認められる会社）1件
中小企業庁長官賞（中小規模で特に優秀と認められる会社）1件
中小企業基盤整備機構理事長賞（中小企業庁長官賞に準じて優秀と認められる会社）1件
審査委員会特別賞（審査委員会で特別に表彰すべきと認められる会社）数件程度

応募資格　過去5年以上、以下の6つの条件に該当していることとします。

1．希望退職者の募集など人員整理（リストラ）をしていない
2．仕入先や協力企業に対し一方的なコストダウン等していない
3．重大な労働災害等を発生させていない
4．障がい者雇用は法定雇用率以上である

注1）常勤雇用50人以下の企業で障がい者を雇用していない場合は、障がい者就労施設等からの物品やサービスの購入等、雇用に準ずる取り組みがあること
注2）本人の希望等で、障がい者手帳の発行を受けていない場合は実質で判断する

5．営業利益・経常利益ともに黒字（除くNPO法人・社会福祉法人・教育機関等）である
6．下請代金支払い遅延防止法など法令違反をしていない

後援機関　経済産業省、厚生労働省、経済産業省中小企業庁、中小企業基盤整備機構、日本政策投資銀行、日本商工会議所、全国商工会連合会、全国地方銀行協会、第二地方銀行協会、全国信用金庫協会、全国信用組合中央協会、中小企業家同友会全国協議会、全国中小企業団体中央会、中小企業診断協会、全日本印刷工業組合連合会、一般社団法人共同通信社、株式会社商工組合中央金庫

※なお、本書掲載の応募基準その他は、第9回のものです。毎回、若干の変更があります。詳しくはホームページ（http://taisetu-taisyo.jimdo.com/）まで

本書は月刊「潮」誌上で掲載された連載企画「女性が活躍する優しい会社」(二〇一七年二月号~十一月号)、「女性が生き生きと活躍する会社」(二〇一八年六月号)、「日本茶業界で活躍する女性経営者」(同年七月号)を大幅に加筆・修正の上、再編集したものです。

坂本光司（さかもと・こうじ）
人を大切にする経営学会会長。経営学者。1947 年静岡県生まれ。法政大学大学院教授、同静岡サテライトキャンパス長を歴任。8000 社超の中小企業を訪問。『日本でいちばん大切にしたい会社 1 ～ 6』（あさ出版）など著書多数。

藤井正隆（ふじい・まさたか）
株式会社イマージョン代表取締役社長。人を大切にする経営学会事務局次長。10 年間、坂本会長と活動を共にし、年間 100 社以上の訪問を継続。『「いい会社」をつくった名経営者の言葉』（商業界）など著書多数。

坂本洋介（さかもと・ようすけ）
アタックスグループコンサルタント。強くて愛される会社研究所所長。全国各地の「強くて愛される会社」への訪問調査を行う。『小さな巨人企業を創り上げた社長の「気づき」と「判断」』（かんき出版）など著書多数。

日本でいちばん女性がいきいきする会社

2019年 4 月 5 日　初版発行

著　者／坂本光司　藤井正隆　坂本洋介
発行者／南 晋三
発行所／株式会社 潮出版社
〒102-8110
東京都千代田区一番町 6　一番町 SQUARE
電　話／03-3230-0781（編集）
03-3230-0741（営業）
振替口座／00150-5-61090
印刷・製本／株式会社暁印刷

ISBN978-4-267-02169-5 C0034

www.usio.co.jp